UNE VIE À RECONSTRUIRE

UNE VIE À RECONSTRUIRE

CYNTHIA SARDOU
avec J.C. Bataille

City
Témoignage

© City Editions 2014
Photo de couverture : © Patrick Lemay

ISBN : 978-2-8246-0434-3
Code Hachette : 81 3333 1
Rayon : Témoignage

Catalogues et manuscrits : www.city-editions.com

Conformément au Code de la Propriété Intellectuelle, il est interdit de reproduire intégralement ou partiellement le présent ouvrage, et ce, par quelque moyen que ce soit, sans l'autorisation préalable de l'éditeur.

Dépôt légal : avril 2014
Imprimé en France par France Quercy - Mercuès - N° 40631/

Pour toi...

Les portes de l'horreur à elle se sont ouvertes.
Aux confins de l'abomination, offerte.
Par trois criminels tour à tour profanée.
Sa chair mise à vif, tourmentée, torturée.

Elle est revenue de l'enfer miséreuse.
Elle est revenue de l'enfer douloureuse.
Elle est revenue de l'enfer courageuse.
Elle est revenue de l'enfer victorieuse.
Elle est revenue de l'enfer glorieuse.

Ses souffrances durant une éternité,
Son intimité saccagée, outragée, piétinée,
Vacillante de peur et sans rien dire,
Cynthia a subi son calvaire, son martyre.

Au procès ce fut la curée,
De flash-back durement mortifiée
Accablée, mais belle à en pleurer
Infiniment résolue à tout endurer.

Elle est revenue de l'enfer miséreuse.
Elle est revenue de l'enfer douloureuse.
Elle est revenue de l'enfer courageuse.
Elle est revenue de l'enfer victorieuse.
Elle est revenue de l'enfer glorieuse.

Poème de Grâce de Capitani

Préface
Par Romain Sardou

Maintenant je le sais, il y a quelque chose de plus beau qu'une naissance, c'est une renaissance.

Quand je vois aujourd'hui ma sœur reconstruite, heureuse, mariée à un homme formidable, pleine de projets et de désirs, je me souviens du mot d'un spécialiste des « troubles de stress post-traumatique » qui m'avait dit, au sujet de Cynthia : « Il faut du temps. Il n'y a pas de miracle. » Ce monsieur pourrait changer de formule. Il faut du temps, certes, parce qu'*ensuite vient le miracle* !

Pendant quelques années, entre les hauts et les bas, les espoirs et les rechutes, il m'est arrivé de douter. De douter que Cynthia parvienne à surmonter sa terrible épreuve. Qu'elle réussisse à reconstruire sa vie.

Son livre, d'une honnêteté stupéfiante, est une aide et une leçon pour les victimes de crime sexuel, mais aussi pour leurs familles.

Personne n'est préparé à gérer un tel drame quand il touche un proche. J'ai parfaitement en mémoire ces moments où, face à Cynthia, j'avais l'impression de ne plus du tout connaître la personne qui était devant moi. Rongée par son traumatisme, je la sentais changer, dériver, sans pouvoir comprendre où elle allait. Quoiqu'on en dise, la compassion se retrouve bien démunie face à une douleur (et aux séquelles d'une douleur) qui la dépasse. On se surprend à changer soi-même, à se surveiller, à choisir ses mots, à recourir à des lieux communs qu'on n'aurait jamais tolérés dans un autre cas, on perd tout naturel. C'est terriblement frustrant. On s'en veut. Du coup, on fait de son mieux, ce qui est une autre façon de dire qu'on tâtonne, en espérant ne rien aggraver.

Dans son livre, Cynthia parle très justement de ce sentiment de « culpabilité » qui assaille parfois les femmes victimes de viol. Sentiment irrationnel et terrible qui cause des ravages. Il se nourrit aussi de l'angoisse du regard et du jugement des autres (ou de l'idée que la victime s'en fait). Quand on porte un nom célèbre, il se trouve que ces regards et ces jugements sont démultipliés.

Lorsque Cynthia a décidé de quitter la France, de s'exiler en Amérique pour poursuivre sa carrière de journaliste et échapper à l'étiquette de « la fille de Sardou qui a été violée », ce choix courageux ressemblait à un bon signe. Un retour à la normale salutaire. Une volonté de reconstruction.

Cette décision, elle l'a prise seule. Elle cachait en réalité une urgence de fuir qui ne pouvait pas encore être maîtrisée ; pas si tôt, pas seule, et pas à des milliers de kilomètres de sa famille et de ses amis. C'est au cours de sa rechute en Amérique que j'ai douté le plus fort.

C'est notre père qui l'a sauvée durant ce moment difficile, en l'arrachant à son isolement et à ces « crises de décompensation » qui, symptômes fréquents dans les cas comme celui de Cynthia, étaient en train de la perdre.

Comme elle l'explique très bien dans son livre, un long chemin restait encore à parcourir avant de commen-

Préface

cer à réellement « couper les ponts » avec son drame et cette horrible nuit de Noël 1999, comme elle avait tenté de le faire en renonçant à sa vie en France.

Chemin fait de rencontres, de thérapies (qui toutes apporteront leur petite pierre à l'édifice), de renouveaux inattendus, d'amitiés retrouvées et... d'un miracle, quelque part entre Annecy et Montréal ! L'homme qu'elle aime.

1

Poupée de chiffon

Ça a commencé par la lame d'un couteau en travers de ma gorge.

Sur le moment, je n'ai pas réalisé. Je n'ai pas compris. C'est un instant de paradoxe durant lequel la surprise et l'étonnement vous submergent. La peur n'arrive qu'après. La peur n'intervient que lorsque l'esprit a terminé son analyse, lorsque le cerveau a interprété la situation et qu'il commande enfin un réflexe conditionné.

Le traumatisme, celui qui va gouverner mon existence dans les années à venir, n'a pas encore imprégné mon âme. Je suis aux portes de l'enfer, mais je ne les ai pas encore franchies. Je suis dans une sorte d'état de grâce. Tout est comme suspendu. Mais cela ne dure qu'une fraction de seconde.

Je ne le savais pas encore, mais l'inexorable était déjà en marche. Le point de non-retour était déjà atteint. Ce millième de seconde va en fait durer des années et m'entraîner sur une voie que je n'avais pas envisagée, sur un chemin que je ne voulais pas emprunter. L'histoire de ma vie – la destinée, diront certains – se dévoilait. Car une agression ne dure pas que quelques minutes ou quelques heures. Elle dure une vie.

C'était dans la nuit de Noël 1999, à 2 h 30 du matin. Je rentrais du travail. J'avais 26 ans et la vie devant moi. Cette lame a tranché nette mon insouciance, me jetant dans un monde inconnu.

Celui de la violence et de l'exaction. Un univers parallèle dans lequel les mots « humanité » et « innocence » perdent toute signification, dans lequel même les animaux les plus cruels ne s'aventurent pas.

La scène se déroule dans le parking souterrain de mon immeuble. J'avais hâte de me lover dans le confort de mon appartement. L'ennui, c'était cette lame en travers de ma gorge et ces deux types que je ne connaissais pas. Je n'ai pas vraiment le temps de sortir de ma surprise que déjà les événements se précipitent. On me bâillonne.

Mon cerveau m'envoie ses premiers messages. Attention : danger ! Quelque chose ne tourne pas rond. Immédiatement, le premier réflexe conditionné se manifeste : la panique.

Presque aussitôt, elle se transforme en peur. On me bouscule, on me jette à l'arrière de ma propre voiture. On m'enlève. L'un des types s'installe au volant, met le moteur en marche et démarre pour une destination inconnue.

Difficile de dire avec précision combien de temps on a roulé, quelle route on a empruntée. Une demi-heure ? Trois quarts d'heure ? Les deux types étaient sûrs d'eux. Ils cherchaient à m'impressionner :

— Je suis de la mafia, se vantait l'un.

De la mafia ? Que me voulaient-ils ? Une rançon ? Me piquer mon sac à main ? Allaient-ils me jeter au détour d'une rue glauque ?

— Comment tu t'appelles ? me questionna l'autre.

Comment je m'appelle ? Ils ne le savent pas ?

— Anne, mentis-je.

Après une randonnée interminable, le conducteur s'est arrêté au bord d'un terrain vague. Les deux prédateurs se sont tournés vers moi. Je sanglotais. Je pensais à ceux que j'aimais, ma grand-mère qui nous avait quittés quelques mois plus tôt, mon père, ma mère, mon petit ami du moment. Je commençais à me résigner au fait que je ne les verrais plus. Je me demandais comment ils allaient s'y prendre avec moi, s'ils allaient me poignarder, me frapper à mort ou planter la lame dans mes entrailles, puis m'ouvrir le ventre. Je me demandais si j'allais souffrir.

L'un d'eux m'a désigné un ravin au bout du chemin.

— Si tu ne fais pas ce qu'on te dit, on te fait exploser dans ta bagnole dans le fossé.

Si je ne fais pas ce qu'ils disent ? Qu'est-ce que cela signifie ? Qu'attendent-ils de moi ? En fait, j'ai commencé à comprendre quand j'ai vu arriver l'autre voiture derrière nous. Un troisième larron en est sorti.

Les deux premiers sont descendus pour le rejoindre. Je les ai observés pendant qu'ils discutaient de mon sort. J'étais pétrifiée. Mon cerveau tournait à plein régime, mais de manière totalement désordonnée.

Soudain, une idée surgit : verrouiller les portières de la voiture. Je me jetai donc sur les loquets et les baissai. J'y ai vraiment cru. Soulagement de courte durée. Le rire moqueur des trois agresseurs me renvoya bien vite à la case départ. Le plus grand d'entre eux, la brute aux yeux aussi noirs que du charbon, brandit la clef de mon véhicule dans ma direction. Il avait le visage fendu d'un sourire plus qu'ironique. Tentative désespérée.

— Si tu ne veux pas de nous trois, il y a le reste de la cité, une bonne trentaine de gars qui attendent ta réponse.

Je n'ai pas répondu. Que répond-on à ces choses-là ?

— Je te laisse le temps d'une clope pour réfléchir, ajouta-t-il, menaçant.

La cigarette du condamné. Devais-je le remercier ? L'angoisse inoculée dans mes veines comme un venin mortel me paralysait, me brûlait déjà tout le corps et l'endolorissait avant même que je ne devienne la poupée de chiffon des prédateurs.

Mon cerveau continuait à me lancer des signaux tous plus confus les uns que les autres. J'étais certaine que je n'en sortirais pas. J'étais persuadée qu'une fois leur petite affaire faite, ils me tueraient. Ainsi, je ne pourrais jamais donner leur signalement. Un promeneur retrouverait mon corps dénudé dans un fossé. Un corps abusé, un corps maculé, un corps abandonné. Un corps muet, qui ne pourrait jamais raconter son histoire horrible.

J'ai prié pour que le ciel m'envoie du secours, pour que tout s'arrête, pour que cesse la torture psychologique de ne pas savoir si je vivais mes derniers instants.

Finalement, c'est lui qui l'a grillée, la cigarette.

Pas d'échappatoire. Je n'avais qu'une seule certitude : j'allais passer à la casserole. Si le ciel était avec moi, je n'entrerais que dans les statistiques des agressions sexuelles, pas dans celles des homicides.

J'allais devenir leur poupée de chiffon. Je me suis résignée. J'ai laissé tous mes sens m'abandonner pour permettre à mon âme de quitter mon corps et le contempler d'en haut comme celui d'une femme qui n'est plus moi. Jouer un rôle, me plier au scénario de l'immonde théâtre de marionnettes et compter jusqu'à trois. Ne plus savoir compter jusqu'à trois. Oui ! C'est ça ! Rester passive. Indifférente. Spectatrice pour ne pas devenir proie.

La spectatrice s'en sortira plus sûrement. Quand ? Je ne le sais pas encore. Je n'en suis pas encore là. Il y a ces trois types qui attendent et, déjà, je ne m'appartiens plus.

Alors, j'ai consenti. Ils m'ont fait la haine. Je passe sur l'humiliation, la honte, l'horreur, la profanation, les insultes… Le plus important : rester en vie.

Il est étonnant de constater tout ce que l'esprit peut imposer au corps lorsque le seul objectif que l'on a en ligne de mire est la survie. Mais à choisir…

Finir explosée dans ma voiture au fond du précipice, là-bas, au bout du chemin de cailloux ? Résister ? Me rebeller ? En y repensant, encore et encore, il s'agissait là de la décision la plus importante que j'aie jamais prise.

Le calvaire enfin terminé et la testostérone des prédateurs évacuée, la poupée de chiffon fut laissée là. Je ne savais pas où j'étais, j'avais perdu la notion du temps. La crainte de leur retour pour finir le travail fut la seule motivation qui me poussa à me ruer dans ma voiture et m'y enfermer.

Machinalement, j'ai tourné la clef dans le contact, j'ai enclenché la première et je n'ai réussi à faire que quelques mètres avant de m'échouer au beau milieu de la route, le visage caché dans le volant. J'ai senti une lame de fond m'envahir qui s'est traduite par un cri inhumain lancé dans le vide de la nuit glaciale de décembre. Bienvenue dans la grande famille des victimes. Le chemin de croix à multiples stations pouvait commencer.

Après, c'est un enchaînement. Commissariat de police. Raconter l'histoire de la poupée de chiffon. Visite et constat à l'hôpital. Retour sur les lieux du crime.

Aucun répit. Pas le temps de souffler ni de me remettre ni même de me laver, de me changer, de retirer ce costume souillé. Il fallait faire vite. Les gendarmes devaient rechercher des pièces à conviction.

Répondre encore et encore aux questions. Revivre la même scène sous tous les angles pour aider la justice. La poupée de chiffon voulait juste se laver, se rincer, se curer.

Atroce, épuisante nuit qui semblait ne jamais devoir finir. En fait, le long tunnel temporel s'est terminé vers midi, heure à laquelle j'ai été accueillie chez mon père qui a considéré à juste titre qu'il était préférable que je ne sois pas seule.

J'ai enfin pu le prendre, ce bain que je désirais plus que tout. J'ai jeté dans l'eau tout ce qui m'est tombé sous la main. Savon, bain moussant, shampoing, sels parfumés avec pour seul espoir de faire disparaître l'odeur de mort et de saccage.

L'urgence, c'était d'éliminer les traces.

Les jours qui suivirent ne m'apaisèrent nullement. Nuits hantées, échos de voix encore si proches, images qui surgissent, larmes incontrôlées, incompréhension, refus, déni, gémissements. Les frontières de mon univers s'étaient effondrées.

Certains me plaignaient, d'autres tentaient de me secouer. Personne n'avait tort ou raison. Leur but était de me soutenir… à leur manière. Maladroitement. Qui pouvait comprendre ? Même moi, j'avais de la difficulté à me situer.

« Si tu cries, je te crève ! » Ces premiers mots qui avaient suivi la froideur de cette lame dans le parking souterrain et qui résonnaient encore. Je me couchais le soir, blottie sous les draps en ayant encore peur qu'ils reviennent.

Après une semaine, je me suis forcée à retourner au bureau, au grand étonnement de mes proches. Cette décision n'effaçait rien, mais elle me permettait de me plonger à corps perdu dans le travail.

J'espérais peut-être y trouver l'oubli. Ce fut sans doute aussi ma manière à moi de sortir de cette ambiance, de revenir dans le monde des vivants. Ma manière à moi de me croire forte et de penser que tout pouvait revenir à la normale comme ça, d'un claquement de doigts.

Que pouvais-je faire d'autre ? Me replier ? Changer de pays ? Changer de métier ? Basculer dans le gouffre de la folie ? Je n'avais rien à prouver. Je ne cherchais pas à démontrer que j'allais passer à travers ce drame comme si j'avais simplement trébuché et perdu un instant l'équilibre. Non. Au fond, je savais que plus rien ne serait jamais comme avant. Travailler me procurait un semblant de routine. M'imposer des horaires, me rendre utile, m'accrocher à ma bouée pour atténuer l'inoubliable.

Durant les semaines et les mois qui suivirent, j'alternais les périodes de peur et de repli et celles de rébellion, cette espèce de rage intérieure qui se nourrit de forces que l'on n'a plus et qui vous jette dans un ressac encore plus affaiblie que vous ne l'étiez. Et je m'infligeais cette torture incontrôlable, celle de me rappeler les deux ou trois heures inénarrables du calvaire.

J'aurais donné cher pour chasser mes chimères, les terrasser une fois pour toutes. Confrontée à ma vérité, implorant pour enfin sortir de la nuit des temps, je cherchais mon Pégase sans le trouver. Et toujours cette crainte des ombres qui me faisait sursauter. Cette terreur à la seule idée que la meute pourrait revenir pour finir le travail.

J'ai espéré une guérison par la justice, mais elle n'est pas venue. J'ai été bien traitée par la police, le juge et le procureur. Sans devenir un passe-droit, j'ai d'ailleurs souvent pensé que la célébrité de mon père avait joué un rôle permettant à l'enquête de trouver une issue plus rapide.

Cela dit, il aura tout de même fallu plus d'un an avant que mes agresseurs soient interpellés alors que l'un d'eux était un récidiviste fiché et que les enquêteurs détenaient des preuves biologiques.

J'ai été entendue lorsque les chefs d'inculpation furent prononcés. La justice ne minimisa rien, ni la préméditation ni la tentative de meurtre. Bien que l'avocat des prédateurs ait tenté de leur trouver des circonstances atténuantes, prétextant une enfance malheureuse, les trois hommes furent condamnés à des peines qui ne seront jamais assez sévères au regard des faits, mais qui, en comparaison de celles prononcées dans d'autres affaires tout aussi graves, pouvaient passer pour *lourdes*.

J'ai espéré une guérison en partant outre-Atlantique, pensant oublier dans un autre pays ce qui m'était arrivé dans le mien.

J'ai encore espéré une guérison en écrivant mon histoire dans un premier livre : *Appelez-moi Li-Lou*, paru en 2005 aux Éditions du Rocher. Combien de fois ne m'avait-on pas dit : « Écrire un livre, c'est une bonne thérapie » ? Ce livre a obtenu un succès qui m'a moi-même étonnée. Je m'y suis dévoilée, je me suis pour la première fois publiquement expliquée et j'en ai même profité pour remettre les choses à leur place.

J'ai reçu un nombre incalculable messages de soutien et aussi quelques-uns de mépris. Mais, là encore, mon esprit n'a pas retrouvé la paix qui l'habitait avant ce soir de Noël. Et je profite de ces quelques lignes pour encore rappeler que mon histoire n'est pas celle d'une fille de célébrité. C'est l'histoire d'une simple femme que l'on a violée. Une histoire presque banale puisque, dans notre belle société, toute violence est banalisée.

Le fait que je sois la fille d'un immense chanteur ne m'a en rien épargnée. Cela n'a pas non plus adouci mon sort après ce terrible événement. Mon père m'a tendu la main comme n'importe quel père l'aurait fait. J'ai pu compter également sur le soutien de ma mère, de ma sœur, de mes frères... Ils n'ont pas toujours su comment réagir face à ce que le destin m'avait réservé, mais ils ont fait de leur mieux et je les en remercie de tout cœur.

J'ai cherché une issue dans un combat perdu d'avance en m'impliquant dans plusieurs associations d'aide aux victimes et organismes caritatifs. J'ai subi des traitements médicaux, je me suis adonnée aux arts martiaux, j'ai rencontré l'association Plaidoyer-Victimes dirigée par Arlène Gaudreault au Canada...

J'ai espéré des guérisons multiples sans comprendre qu'il n'y en avait qu'une et qu'elle ne résidait ni dans la punition infligée à mes agresseurs, ni dans la fuite, ni dans les appels au secours lancés dans un livre écrit alors que j'étais au plus mal. En fait, ce que j'ai compris bien plus tard et qui s'est révélé comme un jour qui se lève après une nuit trop longue, c'est que la seule guérison possible réside en soi.

J'ai mené d'innombrables combats, gagné des batailles, perdu sur d'autres champs. J'ai entendu mille fois mes parents me répéter que j'allais m'en sortir.

Ce ne fut le cas que lorsque je fus prête. J'alternais les périodes de détermination avec celles d'abattement total, de profonde détresse durant lesquelles je n'avais plus aucun allié, et je devenais même ma propre ennemie.

Et quand je me croyais enfin libérée, mes fantômes revenaient à la charge infatigablement. Des images de kidnapping, la vision de la voiture explosant dans un ravin, la cigarette du condamné, la poupée de chiffon profanée, endolorie, prise dans une danse insane, changeant de cavaliers qui tour à tour exigent l'assouvissement d'instincts pires que bestiaux et vont même jusqu'à quémander des mots d'amour.

J'ai aussi pensé que je serais libérée quand les trois déshérités de l'amour seraient derrière les barreaux de la honte et qu'ils auraient tout le temps de méditer leurs actes.

Mais je suis vite revenue sur terre quand on m'a annoncé que l'un d'eux serait prochainement remis en liberté. Mon épreuve n'était pas terminée. Je ne sais pas comment, jusque-là, j'avais tenu bon, mais tout était à refaire encore et encore. J'étais le capitaine d'un navire à la dérive qui prenait l'eau de toutes parts. Lorsque je colmatais une brèche, une autre s'ouvrait.

Finalement, la guérison parfaite n'existe pas. Les cicatrices à vif finissent par se refermer, certes, mais elles restent sensibles. La vérité, c'est qu'il faut apprendre à accepter son destin, se résigner à vivre non pas comme si rien ne s'était passé, mais trouver un sens au pire.

L'idée de ce livre m'est venue au cours d'une discussion avec mon mari qui me faisait remarquer l'incroyable métamorphose qui avait été la mienne depuis que je l'avais rencontré. S'il n'est apparu dans ma vie qu'à la fin de mon chemin de croix, il a contribué à mon équilibre de manière surprenante.

C'est un homme bienveillant qui aime l'humanité, mais qui en refuse systématiquement les zones sombres. Et tout au long de ce travail d'écriture, j'ai pu compter sur cette bienveillance qui le distingue, sur son discernement sans faille.

Il aura été ma dernière étape vers le rétablissement.

À vous, lecteurs, sachez que mon histoire n'est pas une fiction. Ce qui m'autorise aujourd'hui à écrire ce livre, c'est cette expérience que j'ai vécue. J'aurais sans doute préféré ne jamais l'écrire.

Mais que cela serve ! Que ce témoignage sans artifice permette à ceux et celles qui vivent actuellement un terrible tourment d'entrevoir une lueur.

Le temps de la réconciliation avec la vie est venu. Pourquoi attendre ? Pourquoi pas maintenant ?

2

L'origine du mal

Tout au long de mon cheminement, je n'ai jamais eu conscience de ce qui se passait en moi. J'étais devenue une passagère clandestine de ma propre existence. J'avais embarqué malgré moi pour une destination inconnue.

À bien y réfléchir, c'est peut-être mieux ainsi, car, si j'avais su tout ce que je traverserais, tous ces paysages de désolation que je serais obligée de contempler, je ne suis pas sûre que j'aurais tenu le coup.

Lorsque l'on subit un traumatisme de cette envergure, le temps perd toute consistance. On vit au jour le jour, maudissant le passé. Ou plutôt maudissant l'instant T, celui qui a tout fait basculer. L'avenir, n'en parlons pas.

Il n'existe tout simplement plus. Et c'est d'ailleurs ce dernier point qui constitue le plus gros du problème : le manque de vision d'avenir.

En ce qui me concerne, les traces du traumatisme mirent plusieurs années à révéler leur profondeur vertigineuse. Avec du recul, après m'être impliquée au sein de différentes associations et avoir croisé d'autres victimes, je peux affirmer que nous ne sommes pas tous égaux dans la manière dont va se traduire ce traumatisme.

La seule chose dont je sois sûre, c'est que le traumatisme est là et qu'il doit finir par s'exprimer pour qu'on puisse espérer reprendre un jour le cours normal de sa vie. La pire des choses serait qu'il reste enterré à tout jamais, car il agit en dictateur, régissant notre existence sans que nous en ayons conscience.

Le traumatisme n'est pas l'apanage des victimes d'agression sexuelle comme moi. Il peut survenir pour des centaines de raisons : maltraitance, guerre, tremblement de terre, agression...

Nous dirons donc plus largement qu'il est le résultat d'un choc plus ou moins violent, mais qui fait vaciller les convictions profondes d'un être. Chacun peut y être confronté. Son intensité peut varier, mais, dans l'ensemble, le processus de réconciliation est le même.

Vous noterez que je préfère le mot « réconciliation » à celui de « guérison ». C'est volontaire, car je considère que le choc qui est à l'origine du traumatisme est un événement non guérissable. Il ne peut s'effacer. On ne peut pas le faire disparaître. Il a eu lieu et le seul moyen de le dominer, c'est d'apprendre à vivre avec ce bagage non désiré comme on apprend à vivre avec une cicatrice.

Jusqu'au moment de la réconciliation et surtout dans les premières étapes, nous cherchons à effacer l'origine du choc et nous nous imaginons que la seule solution se situe dans cette quête.

Là encore, et par expérience, je tiens à mettre les choses au point, quitte à créer chez certains une grande désillusion. Bien sûr, j'aimerais de toutes mes forces ne jamais avoir croisé ces trois types. Si j'en avais eu le pouvoir, la guérison aurait été immédiate et totale, et je n'écrirais pas ce livre. Il serait tout simplement inutile.

Nous ne sommes pas tous égaux devant le traumatisme. Beaucoup de paramètres entrent en jeu. Certains ont un psychisme plus fort que d'autres. Certains réagissent différemment face aux événements.

Deux principaux facteurs contribuent à la perception des événements qui nous mènera vers un traumatisme plus ou moins profond : notre culture ou notre éducation, et notre force mentale ou notre sensibilité aux situations. N'étant pas médecin et ce livre n'ayant aucune prétention médicale, je ne me risquerai pas à développer plus en profondeur cet aspect du traumatisme.

Ce qui me semble important, c'est de préciser que, ce que vous devez soigner, ce n'est pas ce qui a déclenché votre souffrance, mais la souffrance elle-même. Dans mon cas, je n'ai pas le pouvoir de soigner le viol que j'ai subi, mais le traumatisme que cette agression a généré.

Cela me pousse à préciser qu'on ne peut tenter de soigner un traumatisme que lorsque l'on est sorti de la cause de ce traumatisme. Un enfant maltraité ne pourra se réconcilier tant qu'il sera sous la coupe de son bourreau.

L'agression que j'ai subie le soir de Noël 1999 fut un vrai chaos dans ma vie, le déchirement de mon corps et de mon cœur tels que je les connaissais auparavant. Et c'est là la cause exacte de mon traumatisme. Cette agression a balayé l'ensemble de mes notions de vie. Elle a expédié dans le néant la légitime insouciance de mon enfance, mes illusions d'adolescente, mes projets de femme tels que je les concevais.

Il est certain que, dans les heures qui ont suivi, c'est d'abord mon corps qui s'est exprimé au travers des douleurs physiques infligées par la violence de ces terribles heures.

Mon esprit, plongé dans la plus grande des confusions, avait perdu toute capacité et cohérence d'analyse. Il ne pleurait pas encore la perte de mes valeurs et de mes repères. Il s'épanchait sur la douleur de mon corps. Je ne réalisais pas encore que plus rien ne serait jamais comme avant et qu'il faudrait que je réapprenne tout.

Puis il y eut toutes les phases de la souffrance, les inquiétudes, l'envie d'en finir, ce besoin absolu de tuer ce monstre qui vivait en moi. L'envie de vengeance, de fuir, de m'endormir à tout jamais, la révolte qui s'empare de chacune de vos cellules, la prière, la dépression, quelques lueurs, le gouffre, l'isolement, la résignation…

J'ai vécu ces étapes de manière totalement désordonnée. Je brûlais parfois certaines d'entre elles pour ensuite régresser. Un pas en avant, trois en arrière ! J'ai refusé des offres d'aide pour ensuite supplier qu'on vienne à mon secours. Il est arrivé aussi qu'on m'impose du soutien. Bref, j'étais une chaloupe chahutée par les courants, ballottée par les colères de l'océan.

Mon entourage a fait du mieux qu'il a pu. D'autres ont réagi de manière moins empathique. Mon petit ami m'a quittée, sans doute parce que tout cela le dépassait.

J'ai croisé quelques médecins qui m'ont plus ou moins bien aidée, des psychologues, des psychiatres, mais tout cela de manière décousue, ce qui m'a obligée à marcher plus longtemps que je n'aurais dû.

C'est aussi pour cette raison que j'écris ce livre. Certes pour allumer cette petite flamme dans la nuit des victimes, mais aussi pour guider ceux et celles qui sont confrontés à cette détresse terrible, ceux et celles qui sont les témoins du naufrage d'un de leurs proches.

Personne n'est préparé à ce qui va arriver ou à ce qui s'est produit. Et quand je dis personne, cela inclut l'entourage des victimes. Ce cercle a pourtant un rôle très important dans le processus de réconciliation. Il peut influencer grandement certains passages difficiles et raccourcir d'autant le chemin à parcourir.

J'ai pour ma part bénéficié d'un soutien indéfectible et je n'en ai pris conscience qu'il y a peu. Je l'ai compris bien plus tard. Ce soutien ne s'est pas traduit par une présence de tous les instants pour des raisons de distances géographiques avec ma mère ou ma sœur. Quant à mon père, il a été bien plus présent que ce qu'ont pu laisser entendre certains médias. Je mesure la chance que j'ai d'avoir pour père un homme juste. Mon frère Romain a joué aussi un rôle très important durant cette période.

Je parlerai plus loin dans ce livre de l'empathie manifestée par l'entourage d'une victime. De la compassion extrême qui, même sincère, peut mener à une aggravation des symptômes traumatiques, à l'éloignement et parfois l'abandon de certains pour qui la situation est bien trop insupportable pour y faire face, l'entourage a un rôle trop important à jouer dans le processus de réconciliation pour négliger de le soulever dans cet ouvrage.

3

Victime

Les sujets de traumatismes psychologiques ne sont pas toujours des acteurs directs de l'origine de leur état. Ils n'en sont parfois que les témoins. Il n'est pas rare de subir un traumatisme en étant simplement témoin d'un événement dans lequel nous ne sommes pas directement impliqués. C'est par exemple le cas de ceux qui ont libéré des camps de concentration à la fin de la Seconde Guerre mondiale ou plus généralement ceux qui ont été confrontés à une situation les dépassant et à laquelle ils n'étaient en rien préparés.

Le mot « victime » n'est donc pas tout à fait approprié pour désigner l'ensemble de ceux qui souffrent de ce mal et qui doivent se reconstruire.

Pour cette raison, dans ce témoignage, le mot « victime » sera employé à bon escient pour désigner des victimes d'agressions ou d'accidents tandis que le mot « sujet » sera, lui, utilisé pour parler de ceux qui souffrent d'un traumatisme, quelle qu'en soit l'origine.

Ce mot « victime » m'a longtemps collé à la peau, et l'on parle encore parfois de moi en utilisant ce terme. J'ai effectivement été victime d'un viol collectif et je ne peux en rien changer le cours du passé. Une victime est une personne qui subit un dommage. Dans ce contexte, j'ai effectivement été une victime.

Je trouve cependant un peu péjoratif le sens donné couramment à ce mot. L'état de victime n'a rien de définitif, et la réconciliation passe par une évolution du cheminement face aux événements. Cela n'a rien d'un déni ; il s'agit plutôt d'une petite mise au point concernant la manière dont nous nous voyons.

Notre regard évolue au cours du processus de réconciliation pour, justement, sortir de ce statut de victime. La réconciliation avec la vie, c'est prendre conscience que notre existence ne se résume pas qu'à quelques heures de calvaire.

La réconciliation passe aussi par le regard des autres. Comment progresser si l'on vous affuble toujours de ce même statut qui, au long des années, finit par devenir un jugement, une étiquette et presque un nom propre ?

4

L'enfant
qui est en soi

Submergée par mon état, j'ai passé plus de dix longues années à me débattre avec mes fantômes, à ne plus comprendre ni le monde qui m'entourait ni mes propres réactions.

Repères perdus sans compter sur les réactions paradoxales et opposées des uns et des autres parmi mon entourage. J'ai goûté à chaque nuance des malaises qui se succédaient sans pouvoir en déterminer l'origine réelle.

En fait, la vérité, c'était que mes agresseurs n'avaient pas seulement commis un viol, ils avaient surtout miné les fondations mêmes de mon existence. Ils avaient détruit mon identité et ma perception de la vie, me jetant dans un état de crainte permanente. Le seul moyen de me réconcilier avec la vie, c'était de reconstruire mon identité, de trouver de nouveaux repères et de réapprendre à me faire confiance. Un travail qui allait être fastidieux.

Chacun réagit différemment aux aléas de la vie. Un individu peut vivre un grand choc lors d'un événement qui, pour un autre, ne provoquerait qu'une réaction mitigée, voire aucune réaction. Ce phénomène est largement relié à la conception que nous nous faisons du monde et aux fondements de l'éducation que nous avons reçue.

Notre enfance a donc une incidence non négligeable dans notre perception des choses et des événements. Chacun d'entre nous ayant été éduqué selon des préceptes qui nous sont propres, il est normal que nous réagissions en nous basant sur ce pour quoi nous avons été conditionnés.

Dans mon plus lointain souvenir, j'étais une sirène et j'évoluais dans un univers magique peuplé de gnomes sympathiques et drôles. Aucune injustice ne régnait. Tout était beau et bien en place avec des ciels roses, des arbres aux feuilles bleues, des odeurs de guimauve et, à chaque détour, un manège amusant.

L'enfance, c'est l'innocence. Le bien et le mal n'existent pas encore, du moins au sein de la bulle que nous avons créée de toutes pièces. La réalité est un peu différente.

Beaucoup pourraient penser qu'être une fille de chanteur populaire permet d'évoluer dans un milieu privilégié, que cela ouvre les portes d'un jardin magique dans lequel le confort matériel joue un rôle important et nous préserve de la réalité du monde extérieur.

On m'a parfois reproché d'être la fille de mon père, d'avoir de beaux jouets au pied du sapin, on m'a soupçonnée d'être une princesse gâtée.

Si j'ai effectivement bénéficié de quelques jolies poupées, l'éducation que j'ai reçue fut plutôt stricte. Je n'eus pas accès aux vêtements de grandes marques comme certains pourraient l'imaginer. Rien ne me fut épargné. J'ai vécu une enfance presque banale loin des privilèges.

L'appartement dans lequel j'évoluais était peut-être un peu plus grand que la moyenne, mais il ne constituait en rien un rempart contre la tristesse, parfois.

La notion de richesse matérielle n'est pas formelle dans l'esprit d'une enfant. Elle n'a en rien constitué un élément significatif dans mes premières années.

Comme chaque enfant, j'avais mes jardins secrets. Les rêves qui prenaient naissance dans mon cœur dessinaient un avenir que j'imaginais tout aussi doux que ce monde intérieur que je m'étais construit. Ce rempart me protégeait du monde des adultes, il était une forteresse dans laquelle je me réfugiais pour oublier les coups et les cris d'un beau-père autoritaire. J'avais jeté les bases de ce qui serait mon monde plus tard.

Ma grand-mère Jackie fut l'un des piliers de cet univers. Lorsqu'elle nous rendait visite ou que j'allais passer quelques jours chez elle, la petite fille que j'étais pouvait s'épanouir en toute sérénité. Drôle, amusante, jamais de mauvaise humeur, elle compensait les manques que je pouvais ressentir dans la maison familiale.

Elle atténuait les craintes et les peurs, elle m'enveloppait d'un manteau d'insouciance par sa simple présence. Elle me réconciliait avec le monde des adultes.

Aujourd'hui encore, à l'évocation de cette période surgissent quelques anecdotes croustillantes qui me font sourire. C'était un personnage qui ne mentait pas. Elle était dans la vie comme le grand public l'a connue : franchouillarde, vraie et tellement drôle qu'elle devint à mes yeux un véritable modèle, pour ne pas dire une idole.

Mon enfance fut également marquée par la complicité que j'ai développée avec Éva, ma meilleure amie, ma confidente et ma complice dans presque tous les mauvais coups qu'une enfant peut commettre.

Sauter dans les flaques d'eau, inonder la cuisine, sauter sur les lits, s'enfouir sous les draps... Éva me permit de soulager la lourdeur de l'ambiance qui régnait parfois à la maison. Elle soufflait sur les nuages pour faire apparaître le soleil les jours de grisaille.

J'étais une petite fille rêveuse, on me le reprochait souvent. On cherchait à m'extirper de ma bulle en me disant que, la vie, ce n'était pas un monde idéal et d'une certaine manière je le savais déjà. Mais faut-il ramener à tout prix un enfant à des responsabilités qui ne devraient pas encore le préoccuper ?

À mes yeux, Mickey n'était pas juste un personnage de dessins animés. Il représentait l'homme parfait ou le grand frère que j'aurais aimé avoir. Un être idéal, juste et sage. Si j'avais été une bonne fée, d'un coup de baguette magique, je l'aurais fait sortir du petit écran ou des magazines que je feuilletais pour qu'il bouscule l'ordre établi et m'ouvre les portes d'un monde meilleur. Dans le cœur d'un enfant, rien n'est impossible.

Selon Paule Mongeau, psychologue québécoise que j'ai rencontrée dans le cadre de l'écriture de ce témoignage, chacun porte en lui plusieurs personnages. Il n'est donc pas anormal d'être une petite sirène ou un prince charmant sur un beau destrier blanc. Ces personnages apparaissent tour à tour tout au long de notre vie. Ils sont notre idéal, celui qui est mis à mal lors du choc qui mène au traumatisme. L'une des étapes du processus de réconciliation passe par la résurrection de ces différents personnages qui nous habitent.

Notre enfance nous conditionne. Notre culture n'est pas étrangère non plus à ce que nous sommes. Notre identité se forge très tôt au travers de nos parents, de nos proches, de nos amis, de la société de consommation et plus généralement de notre civilisation…

Selon ce concept, il n'est pas rare qu'un psychologue vous invite à revenir dans votre enfance par différentes méthodes telles que l'hypnose, l'autohypnose ou la méditation afin de régler de vieux traumatismes. Vous faites alors un voyage dans le temps qui pourrait bien vous surprendre.

Le livre de John Bradshaw intitulé *Retrouver l'enfant qui est en soi* porte sur les blessures subies dans l'enfance et qui n'ont jamais été guéries, et permet de mieux comprendre l'importance de notre éducation. Selon l'auteur, ces blessures nous poursuivent tout au long de notre vie, nous gouvernent et peuvent être à l'origine de notre mal-être.

Si ce livre sort un peu de notre contexte, puisque nous parlons ici des traumatismes causés par un acte violent qui n'est pas toujours relié à l'enfance, il nous indique à quel point notre vie est directement régie par nos émotions infantiles. Je conseille vivement la lecture de cet essai ; il vous permettra de retrouver cet enfant qui est en vous et de commencer un travail de reconstruction de votre identité. Je ne dis pas que cet exercice réglera tous vos problèmes, mais il ne pourra que contribuer à trouver le point de départ de votre reconstruction. Il vous permettra d'identifier vos valeurs avant le traumatisme.

Il n'est pas question de s'adonner à des séances de régression temporelle (retour des désirs infantiles) ou formelle (mode de pensée rompant avec les cadres logiques de la pensée de veille). Notre objectif n'est pas de corriger notre appréhension du monde inculquée pendant l'enfance, mais d'aller chercher des repères que le traumatisme a dénaturés pour pouvoir s'y référer à nouveau.

Le traumatisme n'est pas une erreur de la programmation initiale ; il est plutôt une altération de cette programmation induite par un scénario auquel nous n'étions pas préparés.

5

L'école de la vie

Pour moi, le paysage de l'adolescence s'est annoncé avec un lourd assombrissement de mon ciel, annonciateur d'orages, de déchirements, de douleurs. Le premier coup de tonnerre fut un déménagement. Nous quittions Paris pour la Côte d'Azur.

Il n'y a rien en soi de négatif de quitter la ville pour le soleil. Pourtant, cela signifiait l'éloignement de ceux qui avaient émerveillé mon enfance : ma grand-mère Jackie, Éva ma complice de tous les instants, et mon père que je ne voyais certes pas très souvent, mais qui constituait dans mon cœur de petite fille un élément important de ma vie. Je quittais l'appartement que j'avais transformé en forteresse pour emménager dans une grande maison inconnue. Et cela signifiait aussi qu'il ne me resterait que ma mère, ma sœur et mon beau-père. Tout cela n'avait rien de très encourageant.

La transition de l'enfance vers l'adolescence ne se fait pas du jour au lendemain. Elle ne se résume pas à un simple changement de comportement. Elle est le résultat d'une évolution physiologique et hormonale du corps. Le psychisme s'adapte à ces mutations. C'est la prise de conscience du monde réel, l'abandon de l'univers infantile, l'affirmation de la personnalité et les premières grandes questions existentielles. Il reste peu de place pour le merveilleux, les rêves, et la bulle protectrice se réduit comme peau de chagrin.

Je n'étais pas une première de la classe. Je ne manquais pas de capacités, j'étais plutôt intelligente et éveillée, mais j'étais oppressée par l'extrême exigence de mon beau-père qui ne se privait jamais d'une occasion de me brimer si j'avais le malheur d'apporter à la maison un bulletin qui ne correspondait pas à ses critères bien trop élevés.

Finalement, si sa motivation était de faire de moi un petit génie, il obtint exactement le contraire. Je me demande si mes résultats n'étaient pas le reflet d'un début de rébellion. Aujourd'hui, mon âme ressent encore le poids de ces exigences. Les situations conflictuelles me font fuir et j'ai tendance à m'effacer devant une personnalité trop forte.

Ma mère, quant à elle, n'a pas été le guide dont j'avais besoin. J'ai très peu de souvenirs de mes relations avec elle durant cette période. L'esprit a une capacité étonnante à enfouir profondément ce qu'il ne veut pas conserver.

Enfin, ma sœur vivait sa vie, nous n'avions pas les mêmes amis. Les quatre années d'écart qui nous séparaient et une vision des choses bien différente maintinrent une distance qui m'empêcha d'en faire une alliée et une complice.

D'une certaine manière, je me sentais livrée à moi-même, sans grand soutien. Je n'en veux à personne et je n'écris pas ce livre pour régler de vieux comptes. Cette description est un paysage que je brosse sans état d'âme, une toile qui permettra aux lecteurs de mieux comprendre que mon adolescence n'eut rien de princier et qu'au fond, j'ai vécu une adolescence tout ce qu'il y a de banale.

Dans ce contexte, j'ai dû développer certaines défenses face au monde des adultes. Ni trop rebelle ni trop renfermée, j'ai surtout continué sur la lancée de mon enfance. J'ai entretenu mon monde idéal et l'ai adapté au fur et à mesure de mes découvertes, mais sans jamais le laisser s'effondrer pour devoir reconstruire autre chose.

Lorsque j'étais confrontée à une situation inconnue qui me désarmait, je fuyais pour me réfugier dans mon univers infantile. Ce manque d'accompagnement, qui dans les années 1980 était encore rare, est aujourd'hui d'une absurde banalité et il contribue sans le moindre doute au grand malaise constaté chez les adolescents d'aujourd'hui.

Manque de temps des parents, manque de motivation compréhensible de la part du milieu éducatif… Il s'agit d'une sorte de démission générale de tous les paliers jouant un rôle dans l'éducation des adolescents. Certains s'en sortent bien, d'autres basculent.

Une prise de conscience générale serait nécessaire, mais ce n'est pas l'objet de ce livre. Cela étant, l'accompagnement de l'entourage qui guide l'adolescent dans son cheminement et sa découverte a des impacts très importants pour la suite de son existence. Son absence laisse l'adolescent livré à lui-même. Elle engendre une analyse viciée de la vie et conduit à des drames, l'adolescent se tournant alors vers un univers fictif, celui de la télévision, des médias sociaux, sans parler de l'influence des petits copains au collège.

Ma bulle m'a permis de ne pas sombrer dans ces pièges et de garder en point de mire un seul objectif : être heureuse, mais sans pouvoir définir exactement quels moyens je mettrais en œuvre pour y arriver. J'avais confiance en mes capacités et, ayant conscience que la réussite passe par le travail, je n'avais aucune crainte de m'engager courageusement.

L'autoritarisme de mon beau-père laissa des blessures et induisit un manque de confiance en moi chronique, mais ne généra pas réellement une rébellion.

Couplé à l'effacement de ma mère, il me poussa surtout à chercher des repères et du réconfort du côté Sardou de ma famille. La distance géographique de cette branche de mon ascendance me priva de la chance d'obtenir une vision différente du monde. Je ne connaissais pas ou si peu mes frères et mon père.

Les rares fois où j'ai pu profiter de ma grand-mère, je nageais dans un bonheur surréel. Elle me ramenait à des émotions ressenties avant mon départ de Paris. Elle me valorisait, m'encourageait et surtout elle m'ouvrait les portes de cette branche familiale dont on ne parlait jamais à la maison.

C'est elle qui m'initia à la notoriété de mon père en partageant avec moi des coupures de presse, en m'autorisant à le regarder lorsqu'il passait sur un plateau de télévision, en passant ses disques… Elle me permit ainsi de mieux comprendre mes petits camarades d'école et de collège qui en savaient plus que moi sur cet homme si populaire.

J'avais environ 12 ans lorsque Sandrine, ma sœur, a quitté la maison pour vivre sa vie. Je ne peux pas dire comment elle vécut cette période – nous ne parlons jamais de ces choses-là –, mais je suppose que ce départ anticipé du cocon familial avait un lien avec l'ambiance qui y régnait. Même si nous ne vivions pas une relation fusionnelle, cette absence soudaine m'isola un peu plus.

Au collège, je commençais à payer le prix fort la notoriété de mon père. Il n'était pas rare que je sois interpellée entre deux classes, dans les couloirs ou à l'heure de la pause :

— Toi, tu as tout ! Tu nous emmerdes avec ton père !

Comme tout le monde, j'étais au beau milieu du panier de crabes, des faux amis, de toutes ces personnalités qui se cherchaient et qui s'affrontaient déjà pour supplanter l'autre, qui s'entrechoquaient pour définir qui serait dominateur ou soumis. Nous étions dans l'antichambre de la vie, électrons libres, nous nous entraînions à un avenir de compétition.

Je commençais juste à deviner que mon père était un homme connu, mais sans en comprendre tout le sens. Mais qui était donc cet homme si terrible pour que l'on me déteste à ce point ? Mes camarades de classe semblaient le connaître mieux que moi !

Pour préserver cette petite fille qui vivait en moi, j'avais entrepris l'écriture d'un journal intime que je cachais soigneusement dans la salle de biologie de mon collège. Je collais les écouteurs du baladeur sur mes oreilles, m'asseyais dans un coin et noircissais des pages. Et l'on me disait alors :

— Mon Dieu que tu es triste, Cynthia !

Je fréquentais régulièrement le laboratoire de biologie en dehors des heures pour rendre visite aux souris blanches et autres cochons d'Inde. Petites échappées bien innocentes, mais si douces.

J'excellais dans les langues étrangères et plus particulièrement en anglais, ce qui me valut d'obtenir l'autorisation de me rendre de l'autre côté de la Manche dans des familles d'accueil pour des voyages linguistiques.

Je garde de ces voyages presque initiatiques des souvenirs émerveillés. Ils furent autant de bouffées d'oxygène. On ne me harcelait pas à cause de mon nom. J'étais, durant ces séjours, une fille ordinaire qui pouvait s'exprimer sans craindre les brimades ni les moqueries.

Ma période au collège fut une transition dans la douleur. J'eus bien de la difficulté à composer entre l'austérité qui régnait à la maison et le côté pétillant de mes camarades. Je ne me reconnaissais ni dans l'un ni dans l'autre de ces environnements. Mon passage au lycée m'apparut comme une opportunité de repartir du bon pied, d'éviter les pièges dans lesquels je m'étais prise. Le caractère un peu plus trempé, je me fixais des objectifs desquels je me promettais de ne pas m'éloigner.

Pour gagner un peu en autonomie, mais aussi pour sortir du cocon familial, je travaillais chaque été comme baby-sitter ou comme serveuse. C'était une manière de m'émanciper, de fréquenter un milieu différent, de créer des contacts et de travailler sur l'avenir.

Au lycée, j'ai commencé à assumer la notoriété de mon père. J'avais percé le mystère dont on l'enveloppait. Je ne me privais plus de lire ce que l'on écrivait dans les magazines, je l'écoutais et, enfin, je pouvais lui vouer une admiration tout à fait légitime.

Après tout, c'était bien moi, la petite Cynthia, que l'on pouvait voir dans certaines publications et même dans un livre de Gilles Lhote consacré à mon père.

À ce propos, Malyse, ma grand-mère maternelle, a contribué à sa manière à la découverte de mon chanteur de père en m'offrant discrètement une poignée de vieux magazines qui retraçaient les années de bonheur entre ma mère et mon père.

Je revendiquais donc mon appartenance au clan Sardou sans pour autant en faire une affaire d'État. Cette famille dont on ne voulait pas me parler est au final devenue un refuge dans lequel je me vautrais sans me faire prier. Elle était comme une île au trésor dont je connaissais l'existence, mais pour laquelle je ne possédais aucune carte me permettant de m'y rendre. Il me suffisait de fermer les yeux pour m'échapper et oublier les moments difficiles.

Dans mon esprit, je le savais, un jour j'irais là-bas. Je quitterais tout comme ma sœur cet endroit qui m'étouffait. Sans me fixer d'objectifs inatteignables, je ne perdais pas de vue ma bonne étoile, celle que je m'étais inventée dans un ciel où toutes les constellations menaient à la réussite et au bonheur.

En attendant l'heure venue, je mettais mes problèmes au placard. Je travaillais avec acharnement, car, selon moi, ma seule porte de sortie était de devenir autonome, de suivre une formation qui me permettrait de trouver un travail rapidement dans un domaine porteur. La restauration était une filière parfaite pour l'immédiat, la Côte d'Azur étant toujours en demande de personnel. Ce métier m'aiderait également à quitter cette région que je n'aimais pas pour retourner dans la capitale, plus proche de ma grand-mère et de ma famille.

Si mon adolescence n'a pas été toute rose, elle m'a apporté un outil qui allait me sauver la vie quelques années plus tard. Elle m'a obligée à développer une force de résilience presque surnaturelle.

Car, pour échapper aux diktats d'un beau-père violent et dominateur, aux moqueries et à la jalousie de mes camarades de collège, à l'incompréhension d'une mère qui s'évertuait à me détacher de ma filiation paternelle, j'ai développé une défense passive : la soumission.

J'attendais que passent les orages, j'évitais les affrontements directs, mais sans jamais me résigner. Je me disais toujours : « Quand vous aurez terminé, je continuerai mon chemin. Vous ne viendrez jamais à bout de ma volonté de m'échapper un jour. Vous me croyez fragile et je me montre comme telle, mais je suis plus forte que vous. »

Je n'en voulais à personne et je suis en paix aujourd'hui avec cette période de ma vie. L'avenir démontrera que j'ai eu mille fois raison d'adopter ce comportement salvateur.

6

L'oiseau s'est envolé

J'ai fait pleurer ma mère. Cette image d'elle avec ces perles ruisselant sur ses joues, totalement désarmée face à ma décision, est restée gravée dans mon esprit. Je n'en tire aucune satisfaction. Je n'avais pas besoin de vengeance, je voulais juste prendre mon envol, quitter cette maison sans faire de mal à personne.

Ces larmes m'ont surprise. Ma mère n'était pas du genre à s'épancher. Nous avons échangé quelques mots. J'ai essayé de lui expliquer pourquoi j'avais tout préparé sans l'avertir et surtout les raisons pour lesquelles il était important pour moi de commencer ma vie sans elle.

Je suppose que ce départ l'a déconcertée parce que sa seconde fille quittait le cocon et que, dorénavant, elle devrait vivre sans pouvoir poser quotidiennement le regard sur sa descendance. Ma mère vivait ce que toute mère vit un jour et redoute souvent.

Cela dit, ignorer le contexte serait se mentir. L'ombre du beau-père se dessinait en arrière-plan et nous ne l'ignorions pas. Je ne partais pas très loin : Lyon. Je devais intégrer une école hôtelière privée pour décrocher mon diplôme qui me permettrait d'accéder à des postes à responsabilité.

Les métiers de la restauration et de l'hôtellerie ne constituaient pas une finalité pour moi. Ils correspondaient à une voie professionnelle ayant l'avantage de proposer des emplois facilement accessibles.

Pour le moment, il était important de gérer les lendemains plutôt que les après-demain. J'aurais tout le temps ensuite de changer de direction pour entamer une vraie carrière.

Quand j'ai posé mes valises dans la chambre de bonne que je louais, j'ai senti monter en moi pour la toute première fois une profonde impression de liberté.

J'étais non seulement loin de l'ambiance du cocon, mais aussi et surtout je devenais une femme totalement autonome, sans comptes à rendre, sans crainte des remontrances et des petites séances d'assouvissement.

Mon destin m'appartenait. Je n'avais ni peur ni regret. Le chemin qui se présentait à moi était lumineux et invitant. Je ne me ruais pas dans les bars ou les discothèques, mais je profitais de la vie au cœur de la capitale des Gaules. Je ne menais tout de même pas une vie d'ascète. Je sortais, je riais, je me faisais des amis…

Je n'ai pas complètement coupé les ponts avec le cocon. Il n'était pas rare que je fasse un aller-retour Lyon-Nice pour un week-end ou plusieurs jours, en fonction de mon agenda d'étudiante, dans le but de voir ma mère uniquement.

Lyon a été mon tremplin. J'ai obtenu mon diplôme sans trop forcer. J'avais maintenant le billet magique en poche et je pouvais passer à l'étape suivante : retrouver mes racines, foncer vers Paris.

Le premier restaurant dans lequel je me suis arrêtée m'a engagée. J'étais partie dans la capitale juste pour le week-end et j'ai trouvé tout de suite.

En quelques jours, j'ai liquidé ma chambre de bonne lyonnaise, dit au revoir à quelques amis et je suis allée poser mes valises chez ma grand-mère Malyse qui m'a gentiment hébergée le temps que je trouve un appartement. Malyse m'a apporté un soutien incontestable à sa manière. Sans être aussi exubérante que Jackie, elle m'offrait un havre de douceur rassurante.

Sur le plan professionnel, tout allait pour le mieux. Tour à tour chef de rang, puis maître d'hôtel, je possédais la seule qualité qui permettait de grimper les échelons dans ce métier : j'étais travailleuse.

Je ne m'en faisais pas une fierté. Il s'agissait pour moi d'un moyen, pas d'une fin. Parallèlement, j'étais à l'affût des éventuelles opportunités qui pouvaient se présenter et un jour elle est apparue.

Mon retour à Paris ne passa pas inaperçu. J'avertis Jackie par téléphone, mais sans lui dire à quel endroit je travaillais de peur qu'elle ne vienne aussitôt et ne remette en cause mon statut d'employée lambda.

Cela dit, elle s'empressa de faire le tour des restaurants parisiens à la recherche de sa petite-fille et, le pire, c'est qu'elle me repéra et provoqua exactement le scandale que je redoutais tant. Ce retour fut aussi l'occasion de retrouver mon père qui, alerté par Jackie, m'appela dès qu'il le put.

Ce sont Jackie et mon père qui tinrent à me trouver un travail « plus dans mes cordes ». Ce ne fut pas long avant que je ne sois engagée comme stagiaire au service communication des Victoires de la musique.

L'occasion venait de se manifester et je la saisis. Contrairement aux idées préconçues, ma filiation ne m'a pas permis d'être mieux traitée qu'une autre.

Peut-être que mon père a joué un rôle dans le fait que je me sois engagée dans cette voie, mais, comme tout le monde, j'ai dû faire mes preuves, et aucun cadeau particulier ne m'a été fait. D'ailleurs, dans le cadre de cette mission, je côtoyais l'équipe de mon père et je n'eus jamais de mauvais écho concernant mes prestations.

Quand on connaît l'homme qu'il est, son professionnalisme, ses exigences avec ses collaborateurs, qu'ils soient proches ou pas, il aurait eu tôt fait de faire remarquer mon incompétence.

J'entrai donc dans la grande arène. Je découvris la branche cachée de ma famille, le côté bohème du milieu artistique, ses avantages mais aussi tous ses dangers.

Car tout n'est pas simple. Je découvris aussi le revers de la médaille, celui d'être la fille de… Ce nom qui brillait au firmament, mais qu'il fallait défendre au quotidien en se surpassant, en étant digne de le porter.

À ce sujet, je voudrais préciser que chacun de nous, enfants de la star, avons abordé ce problème de manière différente. Ma sœur Sandrine a toujours été discrète et s'est protégée en ne dévoilant jamais ou très rarement sa filiation. Mes deux frères, Romain et Davy, ont eu la lourde tâche de devoir se faire un prénom.

Pour Romain, qui évolue dans les sphères littéraires, ce dut être moins compliqué, car il n'abordait pas la scène.

Quant à Davy, qui brûle les planches des scènes théâtrales et qui a entre autres partagé l'affiche avec mon père, il n'échappa pas à la dure réalité de devoir s'imposer pour être reconnu en tant que comédien talentueux.

Pour ma part, je porte ce nom avec une certaine fierté. Je n'en abuse jamais et je ne pense pas être tombée dans le piège ni avant ni pendant cette période, et encore moins après. Je voulais avant tout être reconnue pour mes compétences.

Travailler dans ce milieu et être en contact avec l'équipe de Michel Sardou lors de certaines missions était une fierté non seulement parce qu'il est un grand artiste, mais aussi parce que, au regard de son professionnalisme exacerbé, si je n'avais pas été à la hauteur, il ne se serait pas gêné pour le faire savoir, fille ou pas fille de…

Je me suis tout de même retrouvée sous les projecteurs à cette époque. J'ai été contactée par Jean-Pierre Foucault, qui préparait une émission consacrée à mon père. Il m'a demandé de mettre au point une surprise en direct sur le plateau.

J'ai joué le jeu avec grand plaisir, mais je fus habitée d'un trac phénoménal. Après avoir interprété une chanson de mon grand-père Fernand Sardou, je retrouvai un père qui eut bien du mal à cacher son émotion. J'appris plus tard que Jackie avait versé quelques larmes devant le petit écran. N'était-ce pas là le signe de mon intégration dans le clan ?

Une fois mon mandat aux Victoires de la musique expiré, c'est encore mon père qui m'introduisit dans une agence de relations publiques et je devins attachée de presse.

Là encore, si j'ai bénéficié d'un petit coup de pouce, j'étais loin de culpabiliser ou de me considérer comme la petite protégée devant qui toutes les portes s'ouvraient.

Je persiste à penser encore aujourd'hui que je devais cette introduction à mes qualités professionnelles.

Je m'investissais beaucoup dans mes missions. Je vivais le stress quotidien de devoir exceller pour mériter ma place, mais je me sentais plutôt bien. J'étais en phase et je ne m'ennuyais jamais dans mes différentes missions.

J'ai ensuite été recrutée par Glem Productions, une filiale de TF1, où j'assurais toujours les fonctions d'attachée de presse.

En 1998, un immense drame a ébranlé mon petit monde : la disparition soudaine de Jackie. Un simple appel téléphonique en début de soirée. Une voix familière, celle de sa dame de compagnie. Mais j'ai senti rapidement que quelque chose n'allait pas. Le timbre paniqué et juste ces mots :

— Cynthia, ta grand-mère ne va pas bien du tout. Il faut que tu viennes.

J'ai accouru. Traverser Paris, le cœur emballé, à un rythme effréné. J'ai gravi les marches le plus vite possible. Quand je suis arrivée dans son appartement, je l'ai trouvée allongée, presque éteinte. Elle rendait son dernier souffle pendant qu'un gouffre sans fond s'ouvrait sous mes pieds.

J'aurais aimé m'étendre à côté d'elle et vivre ma douleur, me laisser aller au gré des larmes et me foutre du monde extérieur. Malheureusement, je n'en eus pas la liberté. Il fallait être forte, ravaler mes larmes, avertir la famille. J'ai appelé mon père. Il a fallu que j'explique qui j'étais, ce que je voulais, que je justifie l'urgence, car il était occupé.

Le départ de Jackie fut un déchirement profond. C'était tout un pan de mon existence qui tombait et qui laissait place à un immense vide. Jackie, tout le monde l'aimait. Un caractère bien trempé et cette gouaille qui faisait tant rire.

Elle fut un modèle et, moi qui l'ai connue mieux que beaucoup, je peux vous dire qu'elle était aussi un être de lumière et d'amour. Elle comprenait mieux que quiconque ce qui m'habitait.

Heureusement, le destin a fait qu'elle fut épargnée de devoir vivre mon drame. Cela m'a privée d'un soutien certain, mais elle aurait été tellement peinée qu'elle ne l'aurait sans doute pas supporté.

Lors de la création de la chaîne d'informations de Canal+, iTélé, je fus invitée à joindre l'équipe. D'abord assistante d'édition, je gravis les échelons jusqu'à devenir correspondante. Nouvelle voie, nouvelle carrière qui s'ouvrait à moi. J'étais heureuse, je m'épanouissais, même si travailler pour une chaîne d'informations nous confronte à la dure réalité du monde.

Il fallait avoir le cœur bien accroché, ne pas se laisser démonter par les drames qui se jouaient un peu partout sur la planète. Il fallait réussir à se dissocier des sujets que nous traitions. Là encore, je pense aujourd'hui que d'une certaine manière cette confrontation quotidienne avec la violence me préparait déjà à ma propre histoire. J'étais motivée, on appréciait mon travail et on en oubliait presque que, derrière le prénom Cynthia, il y avait le nom Sardou.

Ma vie semblait toute tracée. J'avais des projets, j'entretenais des ambitions raisonnables, je rêvais de me marier, d'avoir des enfants, d'acheter une maison.

Bref, j'étais lancée et rien ne semblait pouvoir contrecarrer mes espoirs de jeune femme bien dans sa peau. J'avais trouvé un équilibre presque parfait entre mon travail, ma vie sociale et ma famille.

La petite fille craintive avait maîtrisé ses peurs, s'épanouissait sans devoir répondre aux exigences d'un beau-père despotique. La vie s'annonçait pleine de promesses et me prouvait chaque jour que l'on pouvait surmonter bien des peines. J'avais confiance, car les espoirs qui avaient germé dans mon esprit de petite fille et pour lesquels j'avais tant travaillé se concrétisaient enfin. Adieu tristesse, bonjour la vie.

D'une certaine manière, je faisais un pied de nez à ceux et celles qui avaient un jour tenté de me manipuler, ceux qui se moquaient de l'adolescente effacée et rêveuse plongée dans l'écriture de son journal intime. Ou pire : ceux qui avaient tenté de détruire tout espoir qui aurait pu m'habiter.

7

Jour j
+ 1 seconde

Je ne sais pas quelle heure il peut être. Il fait encore nuit. Complètement désorganisée, je cherche à tâtons mes vêtements. Machinalement, je me rhabille. Tout est confus. Je ne me pose même pas encore les questions qui surgiront bientôt et pour lesquelles je mettrai des années avant de trouver des réponses. Nous n'en sommes pas encore là. Je suis au milieu de nulle part.

La bagnole pue le fiel. Je baigne dans l'odeur nauséabonde de l'habitacle, théâtre de l'ignominie. Mais ce n'est pas le moment de traîner.

Ils pourraient revenir d'un instant à l'autre et m'égorger. Ou bien recommencer avec d'autres. Qui me dit qu'ils ne sont pas allés chercher leurs petits copains ? J'ai vainement cherché mon téléphone portable. Ils sont partis avec. Bande de cons. Me prendre, ça ne suffisait pas. Il fallait aussi qu'ils me dépouillent.

J'ai tourné la clef et j'ai engagé la première. Je ne suis pas allée bien loin. Incapable de coordonner mes mouvements, je me suis échouée en plein milieu de la route.

J'avais peur, j'étais épuisée, éreintée, bafouée, je hurlais, je pleurais, je maudissais le ciel, j'en ai même voulu à Dieu.

J'ai bien ouvert les vitres, mais l'atmosphère semblait tellement imprégnée que, même si j'avais foutu cette putain de bagnole dans un lac, ça n'aurait pas effacé la scène qui venait de s'y dérouler.

J'ai entendu une voiture, vu des lumières. Je suis sortie de mon véhicule et j'ai fait de grands signes pour qu'on s'arrête. Je ne me suis pas posé de questions. Que pouvait-il m'arriver de pire ? J'ai eu de la chance.

Deux couples en sont descendus et, avec mes mots, j'ai expliqué. Ils étaient jeunes. Ils sortaient d'une petite fête. Et ils doivent encore se souvenir aujourd'hui de cette silhouette dans la nuit, plantée au milieu de la route. D'une certaine manière, eux aussi ont été marqués à vie.

La seule chose que je voulais dans un premier temps, c'était appeler mon père. Je ne pensais pas encore à la police, à l'hôpital et aux prochaines heures qui allaient être un long calvaire. Je voulais entendre une voix familière et rassurante.

On m'a tendu un téléphone. J'ai composé le numéro. Et mon père a répondu. Je ne sais plus exactement ce que je lui ai dit. Je ne sais plus s'il a pleuré au bout du fil ou si c'est la colère et l'appel à la vengeance qui le préoccupaient. Je sais juste qu'il a très vite compris que c'était grave.

— Où es-tu ?

— Je ne suis pas sûre. Il me semble que je suis à Neuville.

— Combien ils veulent ?

— Ils sont partis.

— Passe-les-moi !

— Je ne peux pas. Ils sont partis.
— J'arrive !

Sur la route du commissariat, j'étais assise sur le siège passager de ma voiture, les yeux dans le vide, le corps raidi par la douleur. Je voulais me laver, plonger dans un bain d'acide pour me débarrasser de toute cette crasse.

Je ne m'intéressais pas à la fille qui avait pris le volant et qui m'adressait des mots de compassion. Ça n'avait rien à voir avec un manque de reconnaissance envers mes sauveurs. Je n'en étais tout simplement pas capable. Je pense qu'elle l'a compris.

Ils auraient pu laisser la poupée de chiffon devant la porte du poste de police, mais ils ne l'ont pas fait. Ils m'ont accompagnée à l'intérieur. J'ai eu de la chance. Après le monde des animaux, je retrouvais un semblant d'humanité.

Avec le recul, je mesure à quel point il est important d'être accompagnée, même par des inconnus. Au loin, le ciel pâlissait timidement. La France se réveillait péniblement. Les guirlandes clignotaient encore. Les enfants allaient retrouver leurs jouets déposés la veille au pied des sapins. Les cafetières allaient crachoter le premier café. Les transistors allaient s'allumer, et les premières nouvelles, diffusées. Moi, je grelottais. En un instant, j'étais redevenue la petite fille perdue dans ses doutes, mais en pire. Je me laissais aller. Que faire de plus ?

Le policier à moitié endormi ne mit pas longtemps à sortir de sa somnolence. L'affaire était sérieuse. Il ne s'agissait pas d'un vol à la tire ou d'une simple bagarre. L'échevelée qui était en face de lui venait de vivre le pire des outrages. Elle sortait tout droit de l'enfer et elle portait encore les stigmates de son agression.

On m'invita à m'asseoir. On avertit la hiérarchie et on me prit en charge presque aussitôt. Sans me préoccuper du devenir de mes sauveurs, je suivis le chemin que l'on m'indiquait jusqu'à un petit bureau, puis je commençai mon récit.

Je ne savais pas qu'un jour je serais chargée de scénariser l'inénarrable. Je l'avais pourtant fait mille fois dans le cadre de mon travail, lorsqu'il était nécessaire de synthétiser les drames des uns et des autres pour envoyer sur les ondes ce qui alimentait les informations télévisées. Cette fois, c'était mon histoire.

Mes phrases étaient décousues. Je m'efforçais de rester cohérente, mais les mots sortaient en vrac. Très professionnel, le policier adopta un ton doux et protecteur, rassurant.

Il commença d'ailleurs par calmer ma plus grande crainte : que les trois animaux ne reviennent me chercher. Peu à peu, ma respiration reprit un rythme moins soutenu. Il me posa des questions directes et précises. Presque trop ! Et je lui répondis tout aussi directement. Il imposait le rythme et je le suivais.

Le 25 décembre 1999 à 4 h 45 du matin, la gendarmerie de Cergy-Pontoise a été avisée de la commission à Neuville-sur-Oise d'un viol par trois individus armés d'un couteau sur la personne de Mlle Cynthia Sardou. Rédactrice-journaliste à Paris-XVᵉ, elle a quitté son travail aux alentours de 2 h 15 et repris son véhicule pour rentrer chez elle à Neuilly-sur-Seine.

Son audition permet d'apprendre qu'elle a été enlevée par deux individus qui l'ont agressée à 2 h 30 sur le parking privatif de son domicile à Neuilly-sur-Seine (92), que les individus l'ont emmenée jusqu'à Neuville dans son propre véhicule, où ils semblent avoir été rejoints par une troisième personne. Les trois hommes ont violé la victime à plusieurs reprises. Lors du trajet entre Neuilly-sur-Seine et Neuville, les deux premiers individus lui ont extorqué sous la menace le code confidentiel de sa carte de crédit et ont effectué un retrait de 600 francs, à 2 h 43, à la Garenne-Colombes (92). Après les faits de viols, les auteurs ont quitté les lieux en emportant la carte de crédit et le téléphone portable de la victime, non sans avoir pris soin de jeter la carte SIM. Deux nouveaux retraits frauduleux ont été effectués au centre commercial Les Trois Fontaines à Cergy, respectivement à 4 h 15 et 4 h 17.

La diffusion des trois portraits-robots établis a conduit à l'interpellation de trois suspects qui ont finalement été mis hors de cause. Quant à la présentation de différentes photographies du fichier ainsi que d'individus interpellés suite à la diffusion des portraits-robots, elle n'a pas permis à la victime de reconnaître ses agresseurs.

Voici les faits tels qu'ils sont rapportés dans ma première audition.

Ça a duré une ou deux heures pendant lesquelles je n'avais qu'une idée en tête : me soigner, me laver, en finir.

— Nous devons procéder à des examens et aller sur les lieux pour récupérer toutes les preuves. Vous devrez nous accompagner, indiqua le policier qui s'occupait de moi.

Il coupa court à mon seul désir, et si, sur le moment, j'eus une folle envie de le renvoyer chez ses ancêtres, je me résignai encore. J'obtempérai. Je pris mon mal en patience et c'est seulement vers midi que je pus enfin quitter ce théâtre d'ombres pour retrouver un peu de chaleur chez mon père.

***

Les premières minutes et les premières heures qui suivent un traumatisme sont un amalgame d'émotions et de confusion.

L'esprit est totalement incapable d'analyser les événements et de leur donner un sens, encore moins de se projeter dans l'avenir, même proche.

Marquée au fer rouge, je serai hantée par cette agression pendant des années, et elle prendra des formes différentes. Elle se manifestera par des souvenirs sordides. Des visages, des voix, des mots, des bruits, des odeurs, des peurs...

Il est normal que l'esprit, dans les heures qui suivent, cherche dans sa base de données (ce pour quoi nous avons été conditionnés) des réponses et ainsi à s'adapter aux faits. Mission impossible. Il n'a pas été programmé pour ce genre de situation. L'esprit s'emballe alors comme une machine un peu folle et ne nous est plus d'aucune utilité. Seul l'instinct animal, par exemple l'instinct de survie, nous gouverne.

C'est d'ailleurs cet instinct de survie qui m'a commandé de ne pas m'opposer à mes agresseurs. Il a commencé par me commander la fuite, ce qui s'est traduit par ma tentative de verrouiller les portières de la voiture pendant que la meute discutait de mon sort.

Mais lorsque mon cerveau a compris que c'était sans issue, il m'a commandé la résignation.

Tout cela se passe en une fraction de seconde. Les idées ne sont pas ordonnées. Elles se succèdent en cascade.

Paule Mongeau est membre de l'ordre des psychologues du Québec depuis 1976. Dans son livre *Renaître par l'imaginaire*, elle propose une approche permettant à l'émotion, à la pensée et au corps de se rejoindre pour comprendre le comportement. J'ai voulu savoir ce qui, selon elle, pousse l'esprit à réagir selon l'instinct de survie.

— Nous possédons tous en nous des mécanismes réactionnels qui feraient de nous-mêmes, tous et chacun, des offenseurs potentiels dans le contexte de notre instinct de survie, explique-t-elle. En effet, par la nature de notre système nerveux autonome, c'est-à-dire hors de toute volonté intentionnelle, nous réagissons à un danger perçu de façon automatique. Il s'agit donc d'un mécanisme de survie bien pratique pour assurer de manière optimale la pérennité de notre personne. Ce système est déclenché sans égard aux torts qui pourraient causer le déploiement de ce bouclier ou de cette arme. Les réactions de fuite, d'attaque ou de paralysie sont des comportements de sauvegarde observés chez tous les animaux.

Aujourd'hui, je m'émerveille de cette partie purement instinctive de notre cerveau. Elle nous pousse à adopter un comportement qui n'a rien de naturel et qui va même à l'encontre du bon sens ou des principes que nous avons capitalisés durant notre enfance.

Par exemple, il n'est pas rare que certains aillent au-devant du danger pour sauver une vie, se jeter dans l'eau ou dans les flammes. Ces gestes vont à l'encontre des principes élémentaires face au danger.

Me résigner et n'offrir que peu de résistance à mes prédateurs m'a sans doute permis de rester en vie. Si je m'étais défendue et rebellée, ils auraient alors pu me poignarder sous le coup de la colère ou tout simplement pour me soumettre à leur basse besogne. Cela ne se passe pas sans douleur. C'est un peu comme si nous offrions notre intégrité corporelle pour la postérité de l'âme.

On ne choisit pas le comportement que l'on va adopter face à une situation inconnue pour laquelle nous n'étions pas préparés. Lorsque toute tentative d'échapper à son destin a été explorée et s'est révélée vaine, il ne reste qu'une solution : se résigner.

Plus tard, au procès, mes agresseurs, par le biais de leur avocat, tenteront d'ailleurs d'utiliser cette résignation pour leur défense en prétextant que j'étais consentante.

Bien sûr, je fus révoltée en entendant cette affirmation, mais je fus aussi vite rassurée par la manière dont le jury interpréta la chose. Messieurs les violeurs, sachez que vos victimes ne sont jamais consentantes ! Elles ne font que préserver leur vie.

Incapable de faire le point sur les événements, l'esprit perd toute notion du temps. Les minutes durent des siècles. L'attente est longue.

Pour ma part, j'ai été le jouet de ces violeurs sans savoir ce qu'ils feraient ensuite de moi. Je baignais donc dans une incertitude insupportable. Durant toute leur petite affaire, j'ai été habitée par ce doute. C'est une circonstance qui aggrave encore le traumatisme.

C'est d'ailleurs le cas pour la plupart de ceux qui vivent un jour une agression. Les méchants vous expliquent rarement le scénario à l'avance ! Et même s'ils vous promettent qu'ils vous laisseront la vie, le doute subsiste. L'esprit reste en état d'alerte. Il exploite toutes les possibilités et opte toujours pour la pire.

Cette crainte de la mort a persisté jusqu'à ce que je sois au poste de police. Elle a ressurgi lorsque je suis retournée sur les lieux quelques heures après l'agression, même si j'étais escortée par des hommes et des femmes en uniforme.

Plus tard encore, cette crainte du retour m'habita sporadiquement dans certaines situations qui n'étaient pourtant en rien liées à cette nuit de Noël 1999.

Parmi les sentiments envahissants qui suivent les heures de l'événement, la culpabilité prend une bonne place. Insidieuse et parfaitement injustifiée, elle nous pousse à la justification. Par exemple, je me rappelle avoir prononcé ces mots :

— Je n'avais rien d'aguichant, j'étais vêtue d'un pantalon et d'un col roulé.

Ce sentiment de culpabilité m'a longtemps habitée parce que je désirais à tout prix une explication à mon agression. J'ai donc cherché encore une fois dans mon enfance la raison de cette tendance.

Lorsque j'étais enfant, j'étais confrontée à un beau-père plus que violent. Non seulement il me corrigeait physiquement, mais il m'infligeait également des sévices psychologiques, me rabaissant, m'insultant, me faisant perdre toute confiance en moi et me désignant comme la responsable de tout ce qui n'allait pas.

Cette pression constante s'imprégna en moi de telle manière que je me désignais coupable de toute chose. La culpabilité est un sentiment normal lorsqu'il ne dépasse pas certaines limites. Manquer totalement de culpabilité est d'ailleurs le signe d'un déséquilibre.

Dans mon cas, ce sentiment devenait envahissant. Ceux qui vivent ce genre de désordre doivent absolument tenter de l'enrayer. Comment se réconcilier avec soi-même lorsque l'on se croit coupable ? Les victimes ne portent aucune responsabilité de leur drame. Les coupables sont les agresseurs.

La perte totale du contrôle de son destin est l'une des causes du traumatisme qui suit un événement terrible. On ne maîtrise plus rien et cela nous pousse à accepter l'inacceptable.

Dans les griffes des prédateurs, tous les scénarios sont possibles. Nous devenons des objets, des poupées de chiffon désarticulées, et l'on attend qu'une chose : que les prédateurs, une fois repus, se désintéressent de nous.

La seule manière de contrer cette perte totale de contrôle est la résignation. Lorsque le combat est perdu, qu'il n'existe aucune échappatoire, abandonnez. Faites le mort et attendez que le tourbillon s'estompe.

Durant l'agression elle-même, je n'ai été gouvernée que par mon instinct de survie. Immédiatement après l'agression, lorsque j'étais au poste de police, puis plus tard à l'hôpital, je n'avais qu'une obsession : prendre un bain et gommer toute trace des sévices dont je venais d'être victime.

Cet état d'esprit prouve que votre cerveau fonctionne encore selon sa programmation originelle. Plus tard, il m'est parfois arrivé de me dire qu'il eût été préférable que je sois tuée ce soir-là. C'est une réaction normale, celle du refus. Cette pensée morbide se manifeste pendant les périodes de dépression et de désespoir.

Nous verrons plus loin que l'une des grandes étapes à franchir pour se réconcilier est l'acceptation. Lorsqu'elle est passée, le désir de mourir disparaît. Aujourd'hui, 14 ans plus tard, je remercie chaque jour le ciel d'être en vie.

Il est également étonnant de constater à quel point notre mémoire s'imprègne de l'instant du déclenchement du traumatisme.

Si des catastrophes telles que la tempête qui a balayé la France dans les jours suivant mon agression ont marqué les esprits, c'est normal. Le cerveau, dans son travail d'apprentissage, cherche des points de repère, et l'actualité prend une dimension surprenante.

Qui se rappelle, par exemple, que la tempête Lothar a fait 38 victimes, dont 14 en Suisse ? Qui se rappelle que la pointe de vent la plus élevée atteignit 259 km/h ?

La mémoire collective se souviendra des centaines d'hectares de forêt dévastés. Moi, je me souviens des chiffres et de petits détails que ma mémoire aurait dû effacer depuis longtemps.

Il n'est pas utile de chercher l'explication de ce phénomène. Il est plutôt anecdotique. Mais il méritait d'être signalé, car il est directement lié au traumatisme.

Par exemple, prenons le jour du 11 septembre (il est presque inutile de préciser l'année). Je suis convaincue que nombre d'entre vous peuvent encore dire ce qu'ils faisaient ce jour-là.

Le moment du désastre et les heures qui suivent ressemblent à une éruption volcanique. Le sentiment d'impuissance est tout à fait humain et la résignation est un mécanisme qu'il ne faut pas chercher à combattre.

S'opposer pourrait même dans certains cas déboucher sur une situation encore plus grave. Être sujet d'un traumatisme vous transporte dans un monde inconnu et dans un état de stress qui empêchera de l'analyser de manière logique.

La confusion envahit l'esprit et ne disparaît pas immédiatement après les faits. Il faut du temps. Après l'éruption, il règne une ambiance de désastre. Le paysage a changé ; ce qui était familier devient étranger.

Pendant quelques heures, la terre tremble encore, et ces répliques entretiennent l'état de choc jusqu'à ce que le déchaînement des événements cesse et que nous commencions à prendre de nouveaux repères.

8

L'état
de perdition

L'ambiance, chez mon père, était surréaliste. Les visages étaient en berne comme si un membre du clan était mort.

Il régnait un silence gêné. Un silence presque respectueux qui signifiait : « On ne sait pas quoi dire. » Il n'y avait rien à dire. J'étais bien trop épuisée pour parler et, de toute façon, je n'avais aucune envie de raconter une fois de plus ce qui venait de m'arriver.

J'étais encore obsédée par l'idée de plonger dans un bain. Et c'est ce que j'ai fait. J'ai rempli la baignoire d'eau très chaude, à la limite du supportable. Une fois plongée dans l'eau, j'ai vidé toutes les bouteilles de savon, de shampoing, de produits cosmétiques à ma portée.

Mon corps me faisait mal, j'étais ankylosée, ma peau brûlait par endroits. Le constat médical auquel je m'étais prêtée quelques heures plus tôt n'a été, comme son nom l'indique, qu'un constat. Je devais supporter la douleur en attendant qu'elle passe. Que faire d'autre ?

Je me suis frottée énergiquement, jusqu'à en souffrir. Ce petit moment de solitude et de chaleur m'a presque fait du bien.

Les images des heures terribles m'envahissaient, et mon cerveau commençait seulement à leur trouver un sens.

Je venais de me faire violer. Ça venait de m'arriver à moi. Soudain, toutes les scènes d'horreur auxquelles j'étais confrontée dans le cadre de mon travail de journaliste prenaient une autre dimension. Alors que je m'en détachais du mieux que je le pouvais pour rester objective, voilà que je passais de l'autre côté du miroir. Alors que la plupart s'imaginent que cela n'arrive qu'aux autres, j'étais confrontée à ma propre histoire.

Je commençais à mesurer l'ampleur du drame et cette vérité me donnait le vertige. Elle me donnait aussi la nausée. De l'autre côté de la porte, la maisonnée était silencieuse. Personne n'est venu frapper en demandant : « Tout va bien ? »

J'étais seule avec moi-même en train de macérer dans mon jus et je ne voulais pas être dérangée. Je ne voulais pas me projeter dans l'avenir, car il n'existait tout simplement plus. Et l'ambiance lugubre ne se résumait pas à la maison.

Lothar cognait durement aux fenêtres et tenait en haleine tout le pays. On ne parlait que de ça. La France entière était suspendue à la violence des vents, aux arbres déracinés, aux toitures arrachées, aux vies fauchées.

Lorsque j'émergeai enfin de la salle de bains, ma famille m'épargna encore, cherchant peut-être quelle pourrait être la meilleure attitude à adopter face à moi. Je ne cherchais pas le réconfort. Mon corps me rappelait à l'ordre. Épuisé, il me suppliait d'aller me coucher, de cesser toute activité pour s'évanouir dans le néant.

Les jours qui ont suivi ont laissé peu de traces dans ma mémoire. Je me souviens de mon état général, mais aucune anecdote précise ne me revient. Je m'alimentais peu. Incapable d'avaler de la viande, je demandais que l'on me serve uniquement du poisson. Les tablées étaient plutôt silencieuses.

Anne-Marie, l'épouse de mon père, tentait vainement de me remonter le moral. Elle se montra très attentionnée, m'offrant une compassion mesurée.

Mon père était plus distant, mais je sentais qu'au fond de lui, il ruminait. Il passa quelques coups de fil, s'informa régulièrement du déroulement de l'enquête. Mes frères apportaient un peu de bonne humeur sans pour autant réussir à me faire sourire.

Mon petit ami du moment, que je fréquentais depuis plusieurs mois, a pour sa part totalement démissionné. Très brutalement, il m'a signifié que notre relation était terminée.

À chaque repas, je devais avaler quantité de médicaments, parmi lesquels un traitement préventif contre le sida, car les médecins ne voulaient et ne pouvaient pas écarter l'éventualité d'une contamination.

Le mot « sida » a, pendant longtemps, tournoyé dans ma tête. Cette menace constituait à mes yeux un prolongement possible de ma nuit d'enfer. Les analyses permettant de détecter une éventuelle contamination n'étaient fiables que plusieurs semaines après le risque. Je n'aurais pas ma réponse tout de suite, et l'attente fut une torture. Le traitement préventif, s'il pouvait m'éviter le pire, n'offrait pas une garantie à 100 % d'échapper à la contamination.

Étrangement, je n'ai aucun souvenir du passage à l'an 2000. Je ne me rappelle plus ce que j'ai fait. A-t-on essayé de m'entraîner à l'extérieur pour fêter le millenium ? Suis-je restée cloîtrée dans ma chambre ? Ai-je entendu au loin le bruit des coupes qui s'entrechoquent ? Je ne le sais pas. Les mécanismes de ma mémoire étaient défaillants et c'est peut-être bien mieux ainsi. Mon petit monde se limitait la plupart du temps aux quatre murs de ma chambre.

Les vagues souvenirs que je conserve de cette période sont teintés de douleur, de profonde tristesse. Je commençais à revenir sur terre et à comprendre ce que je venais de traverser.

Cette prise de conscience n'était pas structurée. Je veux dire par là que mon esprit ne pouvait pas encore réfléchir de manière rationnelle. La réalité se déclinait sous forme d'images violentes qui s'apparentaient à des flashes.

Autant de flèches décochées et qui provoquaient des blessures inguérissables. La femme qui s'épanouissait et qui pouvait regarder l'avenir avec confiance était morte et avait laissé place à une petite fille déstabilisée dans ses propres convictions.

Tout ce pour quoi j'avais été conditionnée n'avait plus de sens. Toute valeur avait volé en éclats comme une vitre, ne laissant qu'un tapis de morceaux de verre tranchants. Puzzle impossible à reconstituer.

J'étais dans un chaos irréversible. Je traversais plusieurs fois chaque jour des phases de découragement si intenses que je me demandais si les prédateurs n'auraient pas mieux fait de finir le travail. D'autres fois, une colère dense comme du plomb me submergeait, un profond désir de vengeance.

Une vengeance qui eût été d'une violence extrême : les torturer, les émasculer, me comporter à mon tour en prédatrice. Les chasser, les débusquer un à un et prendre le temps de les regarder souffrir jusqu'à ce que mort s'ensuive.

Selon mon médecin, je pouvais prendre mon temps et ne retourner au travail que quand j'y serais prête. J'aurais pu décider de me couper du monde pendant plusieurs jours, semaines ou mois. Je ne l'ai pas fait. Quelques jours seulement après l'agression, je retournais au bureau.

Ces quelques jours furent un supplice. Après le traumatisme physique, les ravages psychologiques se révélaient et s'imprégnaient au plus profond de mon être. Retour à la réalité.

Ma famille m'avait accueillie, mais elle était confrontée à un fantôme. Ce que les miens voyaient sous leurs yeux dépités était bien l'enveloppe charnelle de Cynthia, mais il s'agissait d'une enveloppe vide et sans âme.

Personne ne comprenait exactement l'irréversibilité de mon cas ; je ne la comprenais pas moi-même. Il n'existait aucune recette miracle. Personne n'avait le pouvoir de claquer des doigts pour tout réparer.

Personne ne possédait une télécommande avec une touche magique de rembobinage qui aurait permis de tout effacer et reprendre le cours du temps, mais d'une façon différente. Personne ne pouvait retourner dans le passé

pour dire à cette jeune femme qui sortait du travail :
« Attention, ne rentre pas chez toi directement. Il y a ces types dehors qui vont te suivre et faire de toi une poupée de chiffon. »

Si la vérité se dévoilait peu à peu dans toute son absurdité, elle ne m'offrait pas pour autant de solution qui me permettrait de voir la sortie du tunnel. Elle m'apparaissait en deux dimensions comme un écran de cinéma. Plate comme une affiche publicitaire sans la moindre profondeur, sans le moindre relief. Qu'allais-je donc bien pouvoir faire de ma vie ?

***

La réaction de mon entourage n'a rien eu d'anormal. J'étais un peu le centre des préoccupations, ou plutôt l'épicentre du séisme. Chacun agit comme il le peut, en fonction de ses forces ou ses faiblesses.

Mes frères me rendaient visite régulièrement. Ils m'apportaient un peu de réconfort et soufflaient un petit courant d'air frais par leur bonne humeur. Ils partageaient la peine qui flottait dans la maisonnée, mais se refusaient à la dramatiser.

L'instinct maternel d'Anne-Marie, l'épouse de mon père, m'apporta de la douceur et une présence humaine. Nous entretenions déjà depuis plusieurs années une relation très équilibrée. Elle sut, durant ces premiers jours, mesurer intelligemment et sagement sa compassion.

Mon père, quant à lui, tentait tant bien que mal d'établir le contact avec l'ombre que j'étais.

Je n'ai rien à reprocher à personne. Moi-même, comment aurais-je réagi face à une telle situation ? Qui est vraiment armé pour adopter le meilleur comportement ?

Il existe un tel décalage entre les préoccupations de l'entourage, qui cherche souvent à compatir plus qu'à soutenir, et le sujet du traumatisme, qui a encore de la difficulté à se situer et pour lequel le travail d'acceptation ne pointe même pas à l'horizon. Ce décalage peut être plus ou moins important en fonction de la manière dont est appréhendé l'événement. L'impact du traumatisme s'étend à l'entourage comme une onde de choc.

Il bouscule les convictions, les valeurs, les perspectives et même le sens profond de la vie. L'entourage peut même parfois avoir un comportement involontairement destructeur parce qu'il n'est pas prêt à faire face.

Ce fut le cas de mon petit ami qui, totalement démuni, a préféré me quitter. Sur le moment, j'ai interprété cette défection non pas comme une trahison, mais plutôt comme un terrible aveu : mon petit ami entérinait la vision que j'avais de mon corps, un corps dégradé.

Cet abandon m'indiquait que je n'étais plus la jeune femme qu'il avait connue et que ce corps ne méritait plus l'intérêt qu'il suscitait auparavant. Je suis aujourd'hui en paix avec tout cela.

La compassion est un élan inné. Elle traduit une forme de solidarité dans le partage de la douleur d'autrui. Mais quand on a subi un traumatisme, il est possible que cette compassion qui nous entoure finisse par être dérangeante. En effet, alors que la seule chose qui nous obsède est cette volonté farouche de revenir en arrière pour effacer ou éviter l'événement, la compassion nous ramène vers cet événement.

Nous ne sommes pas encore dans la phase d'acceptation qui n'arrive que bien plus tard. Il est normal de vouloir dans un premier temps éluder l'événement.

Cela dit, la compassion permet tout de même de partager sa peine et d'en alléger le poids. L'idéal serait de définir si le sujet est prêt à partager son drame avant de lui offrir la compassion. Ce n'est pas toujours le cas, surtout dans les premières heures ou les premiers jours qui suivent le drame.

Il existe aussi des cas d'extrême compassion qui se transforment alors en pitié ou, pire, en condescendance. Certaines personnes ont cette faculté de s'emparer de la peine des autres, un comportement extrêmement négatif, car le sujet d'un traumatisme doit s'approprier son drame s'il veut cheminer jusqu'à la réconciliation.

L'équilibre n'est pas toujours facile à trouver et il n'existe pas de recette miracle. La compréhension doit guider l'entourage afin de lui permettre de savoir quelles sont les limites à ne pas franchir.

Pour ma part, j'ai recherché l'isolement. J'étais bien trop sous le choc et déstabilisée pour suivre une conversation ou parler de ce qui m'habitait.

Je fuyais aussi bien les regards que les contacts. Le monde extérieur me semblait trop lointain. Tout était flou et inaudible. Le monde des autres n'était plus le mien.

Le cercle familial fut un refuge. Je fus l'objet d'une attention de tous les instants. Me voir adresser des « Je t'aime », « Tu es belle », « Tu n'es pas responsable de ce qui t'est arrivé » et tant d'autres mots réconfortants me permit de traverser ces journées sans sombrer totalement.

9

Retour
à la réalité

Contre l'avis de mon médecin, je décidai de reprendre le travail moins d'une semaine après l'agression. Cette décision ne reflétait pas un besoin irrépressible de reprendre mon activité professionnelle ; elle était motivée par l'envie de retrouver le plus rapidement possible une existence normale. Je pensais en avoir la force, guidée par une volonté qui, malheureusement, s'avéra rapidement bien supérieure à l'énergie qui m'habitait.

Au bureau, seules quelques personnes étaient au courant de ce que je venais de vivre. L'agression fut précautionneusement tenue secrète.

J'ai croisé dans les couloirs de la chaîne des collègues qui, s'ils m'ont trouvée fatiguée, étaient loin de se douter qu'une semaine plus tôt, j'étais entre les serres de vautours. Je les rassurai en leur mentant.

Je plongeai dans mon travail ; je repris là où tout s'était arrêté. L'ambiance était encore aux festivités du millenium et aux dégâts causés par la tempête. On parlait beaucoup de la démission de Boris Eltsine, du détournement de l'Airbus d'Air India et de la disparition d'un de nos confrères, Alain Gillot-Pétré. Le bug de l'an 2000 n'avait pas eu lieu. La vie continuait…

Les bureaux de la chaîne ressemblaient à une fourmilière. Tout allait très vite. Nous recevions les dépêches, nous les traitions et nous prenions des décisions à un rythme effréné. J'avais du mal à suivre, mais on ne m'embêtait pas avec ça. Je craignais que mon manque d'énergie me conduise à la perte de mon emploi. Je n'étais plus aussi performante, je traversais quelques moments d'absence avec toujours cette crainte, sans doute injustifiée, de la remontrance.

Lorsque j'étais chargée de traiter les nouvelles politiques ou économiques, en tout cas tout ce qui ne concernait pas la violence, je tenais bon. Dès qu'il s'agissait de traiter un dossier criminel, les choses se compliquaient.

J'ai fini par en faire part au directeur des ressources humaines, qui me prêta une oreille attentive. Je lui expliquai que les scènes de violence auxquelles j'étais confrontée chaque jour m'insupportaient, que j'avais beaucoup de mal à me détacher des meurtres, des guerres, des agressions de toutes sortes qui s'affichaient sur les téléscripteurs. Mon patron me promit de chercher une solution afin de m'épargner ces épreuves.

Le fait de reprendre le travail très rapidement a peut-être mis mon père sur une fausse route. Il en déduisit certainement que j'allais déjà mieux et que ce n'était qu'une question de temps avant que je ne reprenne mon envol. Il m'encourageait sans comprendre que j'étais loin d'être aussi solide qu'il le pensait. Je n'avais pas sa force de caractère, la force de cet homme à la personnalité trempée, de ce combattant.

Je n'osais pas lui avouer que j'éprouvais des difficultés et je commençais également à me dire que cette reprise trop hâtive était une erreur. Je n'osais pas lui parler de mes nuits d'enfer peuplées de cauchemars dans lesquels les lames de couteau pénétraient ma chair sous les quolibets de la meute de prédateurs.

Je n'osais pas lui montrer la poupée de chiffon que j'étais, ce pantin soumis aux assauts d'une bande de chacals. Je refusais de l'emmener dans ma vérité.

J'étais sous le coup d'une apathie chronique. Je contournais toute conversation. Je ne saisissais pas ce que l'on attendait de moi. Et si j'avais compris, aurais-je pu satisfaire ces demandes silencieuses ? Mon traitement préventif provoquait des effets secondaires importants : épuisement, manque d'appétit, perte de poids, perte de concentration…

J'étais une ombre et c'est certainement la vision de cet être absent que mon père ne reconnaissait plus qui provoqua les premiers petits conflits entre lui et moi. Sans doute aurait-il aimé que tout revienne à la normale très rapidement et que l'on puisse passer à autre chose. J'avoue que moi-même je n'étais plus sur la même fréquence que lui, comme si nous avions parlé des langues étrangères. Nos messages se croisaient sans atteindre leurs cibles.

La police menait son enquête et je devais collaborer régulièrement. Regarder des photos, dresser des portraits-robots, compléter ma première déposition… Cela m'obligeait à me rendre au poste pour rencontrer les enquêteurs.

J'étais également l'objet d'un suivi médical régulier tant pour guérir les blessures physiques que pour être accompagnée dans un retour à une réparation psychologique.

J'avalais des vitamines et tout un tas de comprimés sans vraiment savoir exactement de quoi il s'agissait. Je ne m'y intéressais d'ailleurs que peu, me contentant d'obéir aux prescriptions. Cela dit, un fantôme me hantait : celui d'une éventuelle contamination au VIH. Et je devais attendre encore et encore avant d'avoir une certitude de ce côté. Un flottement intolérable.

Après environ un mois de cette errance, je préférai quitter les lieux et j'allai me réfugier chez ma grand-mère maternelle à Levallois-Perret. L'atmosphère y était plus sereine.

Nous étions en tête-à-tête. Ma présence lui apportait un peu de compagnie. Je m'occupais de son intérieur, nous passions des soirées à discuter ou à regarder la télévision. Elle partageait avec moi ses friandises (elle appréciait beaucoup le chocolat noir).

Toujours de bonne humeur et heureuse, ne se plaignant jamais des petits bobos de la vie, elle était une confidente, une grand-maman attendrie, une amie… Elle me fit du bien et, même si je devais affronter les vicissitudes de la vie quotidienne (le travail, la police, l'enquête, le suivi médical), elle me permit de me sentir chez moi.

Je profitai de cette escale pendant plusieurs semaines avant de décider de chercher un appartement. Elle ne me chassait pas. Je pouvais rester chez elle aussi longtemps que cela me chanterait. Elle veillait sur moi comme je veillais sur elle. Nous avions signé à l'encre sympathique une entente tacite et nous nous faisions du bien mutuellement. Elle ne manquait pas de me faire remarquer à quel point j'avais maigri depuis le soir du viol et elle s'en inquiétait.

Je lui préparais des petits plats parce que je la trouvais frêle. Elle n'était pas en très grande forme, et nous ressemblions à deux naufragées qui partageaient le même canot de sauvetage. Non seulement elle m'apportait le réconfort en me permettant de laisser libre cours à ma détresse, mais elle m'autorisait aussi à me sentir utile, à redonner un sens à ma vie lorsque je revenais à moi.

Mon état psychologique s'améliorait sensiblement. Les médicaments m'aidaient beaucoup et me permettaient de fonctionner à peu près normalement si l'on exclut les périodes de doute et de peur. Je me sentais prête à tenter de revenir dans le monde des vivants.

Après quelques mois, au travail, on me proposa de suivre une formation qui me permettrait de rediriger ma mission au sein de la chaîne. J'allais m'occuper des arts et spectacles. Finis les drames, les images de morts, les guerres et autres nouvelles qui alimentaient chaque jour nos journaux télévisés. Malgré mes rechutes, je restais persuadée que le bout du tunnel n'était pas si loin. De nouvelles perspectives se profilaient.

Je trouvai un appartement à moins de cinq minutes du bureau. J'y mettais du mien. Je travaillais et j'étudiais en même temps. Je ne sais par quel miracle je trouvai la force de continuer, de persévérer avec pour seul point de mire celui de réussir en me surpassant.

**

Il est tout à fait normal de vouloir à tout prix et le plus rapidement possible revenir à notre quotidien après l'événement. Notre cerveau nous envoie des signaux contradictoires et difficiles à interpréter. Notre entourage réagit parfois de manière incompréhensible. Nous traversons une période de chaos et d'incohérences. Tous les repères ont disparu et nous sommes contraints de nous laisser ballotter entre les avis des uns et les conseils des autres. Chacun veut vous aider à sa manière, et l'on a la sensation d'être dans un auditorium où on diffuse des airs différents qui provoquent une cacophonie entêtante.

Mes agresseurs ne se sont pas contentés de s'emparer de mon corps. Ils ont également détruit mon identité et n'ont laissé derrière eux qu'un tas de ruines.

Tout était à reconstruire. Nos convictions les plus intimes volent en éclats. Nous ne réagissons plus de la même manière devant des situations identiques. Nous ne nous reconnaissons plus et nous obéissons à des instincts plus qu'à la raison.

La peur en est l'exemple le plus remarquable. Elle surgit sporadiquement et sans raison. Des flashes se dessinent telles des images subliminales qui guident les émotions et nous privent presque de notre libre arbitre. Nos rapports avec les autres sont sous la coupe de ces réactions.

Si nous perdons nos propres repères, notre entourage perd également les siens. Le personnage qui apparaît devant leurs yeux ne correspond plus à celui qu'il connaissait. La compassion, la compréhension et l'empathie ont souvent leurs limites.

Le sujet qui a subi un traumatisme réclame presque une attention de tous les instants, mais pourtant la vie continue. Si, dans les premiers temps qui suivent l'événement, toutes les énergies sont dirigées vers le sujet, ces attentions retombent rapidement, diluées dans la gestion du quotidien. Ce fut le cas pour mon père qui m'offrit d'abord une mobilisation complète avant de me laisser livrée à moi-même.

Un drame ne fait que rarement un seul martyr. L'entourage est une victime collatérale qui doit également s'adapter à une situation inconnue et qui, à moindre échelle, va vivre toutes les étapes de reconstruction. Le déni, la peine, la tristesse, l'ébranlement, la remise en question de la perception de la vie… Nous ne sommes pas tous égaux devant ce changement radical de nos vies.

La culpabilité est un mot qui revient souvent dans le processus de réconciliation. Elle est le verrou le plus complexe à ouvrir. Son intensité dépend directement de notre apprentissage infantile.

Ceux qui ont vécu la brimade dans leur petite enfance vont développer un sentiment de culpabilité exacerbé, même dans des situations qui n'ont rien de dramatique. Il n'est pas rare de voir des personnes endosser la responsabilité de faits dont ils sont victimes et s'excuser pour un aléa de la vie vécu par un proche.

La culpabilité peut aussi apparaître parce qu'elle est une alternative pratique pour expliquer les faits. Une question va immanquablement tourner dans l'esprit d'une victime : « Pourquoi moi ? » L'empreinte de cette question est si profonde que la réponse habituelle consistant à dire : « Mauvais endroit, mauvais moment » n'apporte pas satisfaction. Le sujet va donc développer un puissant sentiment de culpabilité qui va, momentanément, lui apporter une réponse : « C'est ma faute… »

Le danger, c'est de s'enfermer dans cette vision déformée. L'entourage a un rôle à jouer dans les heures et les jours qui suivent le drame en déresponsabilisant la victime. Même si la culpabilité prendra du temps à disparaître, cela constituera un pansement provisoire en attendant de régler définitivement le problème.

Les mots de tendresse et d'encouragement contribuent à panser les plaies. Ils tracent le chemin vers une réconciliation avec soi-même. Ils permettent eux aussi de panser les plaies provisoirement.

S'entendre dire « Tu es belle » rassure beaucoup. Le regard porté sur nous par les autres est très important. Il nous permet, dans la vie de tous les jours, de nous situer ; il nous encourage ou nous contraint à modifier notre comportement lorsqu'il n'est pas adapté.

Dans ces temps difficiles, les petits compliments sont un véritable carburant qui, s'ils ne règlent pas tout, sont autant de sourires que l'on range dans notre petite boîte secrète.

10

Premier bilan

Les trois premiers mois qui suivirent mon traumatisme furent décisifs. Les émotions me submergèrent comme une houle du grand large : inlassables et désordonnées, plus ou moins violentes selon les moments.

Ballottée par les flots, moi qui ai traversé cet océan inconnu, je compare encore aujourd'hui cette période de ma vie à un naufrage. Perdue dans un monde qui me semblait étranger, je cherchais désespérément à me raccrocher à des valeurs qui n'existaient plus. On ne me regardait plus de la même manière et, à vrai dire, ma perception de moi-même était complètement déformée.

Il est difficile d'y voir clair. Les ressources existent, mais elles ne se dévoilent pas de manière évidente. Malgré le chaos, il est nécessaire d'agir très rapidement.

Que faire juste après une agression ?

Si vous êtes victime d'agression, déposez plainte immédiatement après les faits.

Le procès-verbal est une démarche difficile, l'un des moments les plus douloureux pour une victime, car vous devrez relater tous les faits en détail. Et je dis bien tous les détails !

Les policiers sont des professionnels qui, en général, savent se comporter dignement et font preuve d'une compassion sans excès. Leur but : retrouver les coupables. Selon certaines statistiques (mais à ce sujet, les chiffres peuvent varier beaucoup), plus de 80 % d'entre elles, guidées par la crainte, refusent de déposer plainte. Que ce soit parce qu'elles refusent de revivre le drame ou parce qu'elles connaissent leur agresseur, aucune raison n'est valable pour se taire. C'est pourtant ce qui arrive dans la plupart des cas de viol ou de violence conjugale.

Considérez le dépôt de plainte comme une façon de dire « Non ! » Dites-vous que, si vous ne déposez pas cette plainte, vous acquiescez aux faits et surtout vous éviterez à votre (vos) agresseur(s) de se faire arrêter. Ils recommenceront.

Passer un examen médical

Un examen médical est nécessaire et a plusieurs objectifs.

Il établira un constat des dommages physiques causés par l'agression. Vous serez photographié(e), ausculté(e) ; des mesures seront prises et transcrites.

Il permettra de déceler les éventuelles preuves médicolégales liées aux faits et, dans ce domaine, la science a progressé de manière très importante ces dernières décennies. Enfin, il permettra d'établir un diagnostic et de proposer un traitement approprié.

C'est un moment très désagréable, je vous l'accorde. Vous vous sentirez dépossédé(e) de votre corps, examiné(e) comme une bête curieuse.

Vous serez confronté(e) à un(e) professionnel(le) sans état d'âme. On vous traitera bien, mais ne vous attendez pas à obtenir le réconfort que vous espérez.

Le médecin ne vous brusquera pas, certes, mais il sera détaché, et ce comportement pourra vous sembler inapproprié.

Une fois la plainte déposée et l'examen médical effectué, il est possible que l'on vous ramène sur les lieux du crime, comme ce fut le cas pour moi. Il s'agit là encore d'une démarche difficile, mais nécessaire.

Lorsque les policiers m'ont fait comprendre que je n'étais pas encore au bout de mes peines, j'ai éprouvé un profond sentiment de détresse. On me contraignait à revivre la scène. On m'empêchait de me laver, d'aller me coucher, de m'échapper.

Il faut pourtant se plier à cette corvée terrible. Dans mon cas, ce fut un retour sur les lieux du crime. Dans d'autres cas, cela peut se traduire par une confrontation avec un conjoint violent ou un agresseur s'il a été appréhendé.

Cette obligation constitue une prolongation de l'agression. Du moins, c'est le sentiment qui m'a envahie.

Enfin, lorsque vous serez libéré(e) de tout ceci, rentrez chez vous. Prenez un bain. Pansez vos plaies. Vos sens seront exacerbés. Votre odorat sera imprégné, votre ouïe vous trompera et, dès que vous fermerez les yeux, des images d'horreur apparaîtront.

Prenez le temps de parler avec vos proches de ce qui vous est arrivé si vous en éprouvez le besoin. Même sans relater les faits en détail (car il est préférable d'épargner la sensibilité de vos proches), vous pourriez vous sentir un peu soulagé(e).

Suivez votre instinct : pleurez, vivez vos émotions, mais pas en la présence de vos proches, faites-le plutôt chez votre médecin. Laissez-les s'exprimer sans combattre.

Beaucoup préfèrent se réfugier dans le silence. Ce n'est certes pas la meilleure manière d'exorciser le drame, mais si c'est dans le silence que vous trouvez un peu de réconfort, alors, faites-le simplement savoir à votre entourage.

Reposez-vous, même si vous ne réussissez pas à trouver le sommeil. Laissez-vous aller, laissez vos forces vous abandonner.

Comment communiquer avec ses proches ?

Si, dans les premières heures, vous n'avez pas eu le courage de parler de ce que vous avez vécu, il faudra pourtant un jour passer par cette étape pour que votre entourage puisse comprendre et réaliser.

Votre famille et vos amis vont subir également un traumatisme. Partager avec eux, c'est trouver des alliés et surtout leur permettre à eux aussi de faire un jour le deuil. Partager, c'est aussi se libérer d'une partie de son fardeau.

Il arrive que des victimes se réfugient dans le mutisme. Cette situation est sans doute la pire qui puisse se produire. Le mutisme devient une prison de laquelle on ne sort jamais. Cela correspond à une peine à perpétuité. Je ne peux que conseiller vivement à ces victimes de consulter le plus tôt possible un psychothérapeute ou un psychiatre. Il y a dans ce cas péril en la demeure.

Parler de son agression à ses parents est donc une nécessité, mais faites-le avec prudence et mesure. Certains membres de votre famille sont plus sensibles que d'autres. Ils ne sont pas forcément préparés à entendre les moindres détails de l'agression.

Vous risquez aussi d'être confronté(e) à une certaine forme d'incompréhension et d'obtenir une réaction qui ne correspond pas forcément à vos attentes. La compassion des autres est un élan normal, mais elle ne doit être ni excessive ni trop limitée.

Dans l'excès, elle se traduira par une surprotection qui vous jettera dans un statut de victime dont vous aurez du mal à vous sortir. Elle risque aussi de vous empêcher d'avancer, de vous reconstruire et de trouver la force combative nécessaire à une réconciliation.

À l'inverse, s'il y a manque de compassion, c'est la culpabilité qui vous envahira, et il est indispensable de s'en débarrasser le plus rapidement possible.

La plupart des proches compatissent un moment, mais rarement très longtemps. Cela peut être ressenti comme un abandon, ce qui n'est pas le cas. D'abord parce que, pour votre entourage, la vie continue avec ses aléas et ses obligations, ensuite parce que, le meilleur moyen d'avancer, c'est de se reprendre en main dès que possible.

La compassion des autres est un bon moyen de se décharger de son fardeau dans l'immédiat, mais, trop longue, elle pourrait vous empêcher de cheminer et retarder d'autant votre réconciliation avec la vie.

Il est confortable de se reposer sur les autres, mais c'est en vous que se trouve la clef d'un retour à la vie. Vous devrez un jour ou l'autre vous reprendre en main, et votre destin vous appartient.

Il est possible que certains proches soient maladroits face à vous. Mettez cela sur le compte du sentiment d'impuissance.

Ils ne savent pas comment communiquer avec vous et se sentent partagés entre la compassion qui leur permet de percevoir votre douleur et leurs propres sentiments de colère, de haine ou un besoin immédiat de vengeance.

Mon père a d'abord réagi violemment aux événements. Il aurait aimé retrouver mes agresseurs et leur faire payer ce qu'ils avaient fait subir à sa fille. Il exprimait cette colère par des mots durs qui me semblaient insupportables, alors même que je sortais d'une scène très violente.

Plus tard, en 2010, au cours d'une émission de Patrick Sabatier, mon père expliqua quel avait été son malaise lorsqu'il fut confronté à sa fille violée.

Il n'existe pas de recette miracle lorsque le destin frappe. Les heures qui suivent sont une épreuve tout aussi terrible que l'agression elle-même.

Chacun des membres de la famille a un rôle à jouer et doit se faire violence pour adopter le meilleur comportement possible. La victime, quant à elle, doit absolument éviter de s'enfermer dans le silence.

L'amour est un bon remède. Serrer dans ses bras une victime n'est pas un geste anodin, lui offrir quelques mots de tendresse et de réconfort lui permet de revenir à un univers humanisé.

Se prendre en charge dans les jours qui suivent

Les jours qui suivent l'agression sont autant d'épreuves à traverser. Il faut gérer la réparation du corps qui a souffert et souffre encore. Il faut gérer la douleur psychologique, les cauchemars qui nous hantent, les doutes qui nous submergent… Vous êtes propulsé(e) dans un monde parallèle parsemé de questions sans réponses.

Dans un premier temps, l'urgence consiste à soigner le corps. C'est une question de survie. Il peut arriver que vous ayez un désir irrépressible de vous laisser aller, de mourir pour en finir avec la souffrance. C'est une réaction qu'il faut surmonter.

Après la visite médicale par un médecin désigné par la police, consultez votre médecin généraliste et demandez-lui qu'il vous indique des ressources appropriées. Un psychiatre s'avère souvent nécessaire pour vous aider à surmonter l'épreuve. Il vous prescrira sans doute un traitement qui pourra durer plus ou moins longtemps, mais qui vous sera d'un secours certain. J'ai moi-même suivi une cure d'antidépresseurs, et ce ne fut pas de gaieté de cœur. Ils m'aidèrent pourtant beaucoup à traverser cette période.

Le médecin est de plus une oreille attentive et surtout objective. Vous n'aurez ni à craindre le jugement ni à devoir prendre des gants dans vos propos. Et si vous avez de la difficulté à trouver les mots justes pour vous exprimer, vous pourrez compter sur une interprétation exacte de la part de votre interlocuteur.

Parlez de vos états d'âme et de votre mal-être. Exorcisez vos peurs. Vous n'en serez que plus soulagé(e) et vous avancerez d'autant plus vite. Vous libérerez aussi vos proches qui ne peuvent pas être toujours disponibles.

Faire appel à un soutien extérieur est sans doute la meilleure aide que vous vous accorderez à vous-même. La victime ne se sortira jamais seule d'un traumatisme. Ne tardez pas. Les personnes qui attendent trop longtemps risquent de s'engluer dans un état de léthargie qui pourrait devenir une seconde nature, un piège dont on ne se sort jamais.

La confusion règne après le traumatisme. Il est difficile, voire impossible de prendre du recul et de discerner ce qui est urgent ou ce qui ne l'est pas. Les sentiments contradictoires se succèdent, passant de la haine au découragement, de la volonté de s'en sortir à celle d'abandonner.

Finalement, il faudra des semaines et peut-être des mois avant d'y voir plus clair et donc de canaliser les émotions pour entreprendre le cheminement.

Il y a un temps pour chaque chose et il est impossible de brûler les étapes, même si vous aimeriez réintégrer une vie normale dès le lendemain. J'ai fait l'erreur de reprendre le travail trop vite – et contre l'avis de mon médecin –, ce qui m'a valu une rechute bien longtemps après.

Cela suppose, avant tout, de passer par la phase d'acceptation. L'acceptation ainsi que le pardon sont des phases par lesquelles vous devrez passer pour vous réconcilier avec la vie. Contrairement aux idées reçues, elles ne signifient en rien l'approbation de l'agression, mais il s'agit plutôt de se faire à l'idée qu'un retour en arrière est impossible. Il va donc falloir vivre avec ce coup du destin et apprivoiser ses conséquences.

La première phase de l'acceptation, c'est de considérer que les faits sont inéluctables, que l'on ne possède aucun moyen de les effacer et qu'on ne peut pas continuer à vivre comme s'ils ne s'étaient jamais produits. Il s'agit donc de l'inverse du déni.

Imaginez que vous ayez un problème et que, plutôt que d'essayer de le régler, vous préfériez l'éluder. Cela vous satisfera dans un premier temps, mais le problème réapparaîtra aussi longtemps que vous ne l'aurez pas réglé. Vous entrez alors dans un cercle vicieux.

Connaître la cause d'un problème, c'est bien. Dans mon cas, il s'agit d'une agression. La cause de mon problème est inéluctable. Je ne pouvais pas l'éviter ni l'éliminer. Le mal était fait. Il n'existe donc aucune solution de ce côté et il faut chercher ailleurs.

D'une certaine manière, le problème n'est donc pas l'agression, mais plutôt le traumatisme causé par l'agression. C'est ce traumatisme qu'il faut combattre et, pour réussir cette mission, il faut accepter d'être la victime de l'agression en endossant cette réalité et en éliminant le déni.

Dès lors que vous aurez pris conscience que vous êtes une victime, vous agirez en victime et vous accepterez plus facilement les aides qui vous seront proposées.

Je sais par expérience à quel point il est pénible d'entrer dans la peau d'une victime parce que personne ne nous y a préparé(e)s et que, comme on le dit souvent, « Cela n'arrive qu'aux autres ». Être une victime n'est pas un choix. C'est un fait. Le but est que ce statut ne devienne pas éternel et que vous retrouviez un jour la maîtrise de votre destin.

11

Le pouvoir de la résilience

Le mot « résilience » est bien connu des physiciens. La résilience est une propriété qui permet à un matériau de supporter une contrainte sans subir de transformation lorsque la contrainte est terminée. Imaginez un élastique. Vous le tirez et il reprend sa forme initiale. Si vous exagérez dans la traction appliquée, l'élastique rompra.

En psychologie, la résilience est la possibilité de se reconstruire après un traumatisme. Une définition très courte qui décrit un processus pourtant complexe. L'échelle de résilience étant très inégale d'une personne à une autre, cette capacité jouera un rôle plus ou moins important dans la réconciliation avec la vie.

Selon les psychologues américains Werner et Smith, qui ont introduit la notion de résilience en 1939, cette capacité est un bagage qui se construit pendant l'enfance et dépend directement de nos expériences et de notre éducation. C'est pour cette raison que nous ne sommes pas tous égaux, que certains s'en sortiront mieux que d'autres et pourront limiter le stress post-traumatique.

Est-ce que, pour autant, ceux qui ont une capacité résiliente limitée auront un parcours plus difficile ? Je n'en suis pas convaincue.

Selon Blandine Soulmana, conférencière sur le thème de la résilience et auteur de plusieurs ouvrages sur le sujet, la résilience n'est pas figée et peut être développée individuellement pour mieux affronter les difficultés de la vie. Elle continue d'ailleurs à évoluer au fur et à mesure des expériences que nous traversons :

Pour parodier une comédie connue, la vie est rarement un long fleuve tranquille, indique Blandine Soulmana. *Pour certains, le parcours est relativement calme, alors que pour d'autres il est semé de récifs et d'écueils. Nous avons alors deux choix : couler ou émerger. Pester contre le destin pour son manque d'équité et de justice dans la distribution des épreuves est un exercice aussi inutile que nocif. Quand nous ne sommes pas concernés, nous classons rationnellement les événements négatifs de la vie, du simple contretemps à la tragédie : repas raté, dispute, divorce, perte d'un parent, faillite... Par contre, noyés dans nos émotions ou selon les circonstances, nous ne sommes pas toujours en mesure de relativiser ces épreuves en fonction de leur importance. Il arrive que nous ayons l'impression de vivre un naufrage jusqu'à l'arrivée d'un événement plus grave. Nous réalisons alors le peu d'importance du premier incident qui prenait tant de place. Comment se fait-il que, face aux épreuves, certaines personnes, malgré leur chagrin, s'en sortent alors que d'autres vont traîner leur état de victime toute leur vie ? Pourquoi certains arrivent-ils à distiller du positif dans le négatif alors que d'autres sont littéralement aspirés par la morosité, voire la détresse ? Les victimes subissent, se plaignent, au risque de lasser leur entourage, ou, au mieux, réagissent en s'adaptant aux conséquences sans même vérifier s'ils peuvent travailler sur la cause. Comme l'a si bien dit Alexander Graham Bell : « Lorsqu'une porte se ferme, il y en a une qui s'ouvre. Malheureusement, nous perdons tellement de temps à contempler la porte fermée, que nous ne voyons pas celle qui vient de s'ouvrir. » Certains survivants vont jusqu'à affirmer qu'ils ont appris et mûri à travers les épreuves. Ils connaissent leurs limites et l'étendue de leur endurance. C'est cette capacité à rebondir dans l'adversité qu'on appelle la résilience.*

Les psychologues Werner et Smith ont mis en évidence certaines caractéristiques développées par les personnes résilientes : évaluation lucide des situations ; capacité de se protéger, de riposter et de garder son équilibre lors de tensions ; conscience de sa responsabilité sur sa vie ; pouvoir de transformer les épreuves en défis et la colère en détermination ; persévérance dans ses efforts pour s'en sortir ; choix judicieux de son entourage ; altruisme, positivisme et créativité, notamment en développant son sens de l'humour et son aptitude à dédramatiser les situations.

Bien sûr, certain(e)s sont naturellement plus doué(e)s et outillé(e)s pour maîtriser la résilience. Il ne faut cependant jamais perdre de vue que cette capacité peut se développer, se travailler et s'améliorer, quel que soit notre âge ou notre vécu.

L'objectif est d'agir en assumant notre souffrance et en étant conscient que nous ne sommes pas les seuls à vivre des difficultés. Si nous sommes encore là malgré un passé difficile, c'est peut-être que nous sommes des bagarreurs qui n'ont pas eu peur de se reconstruire à partir de rien, jour après jour...

À partir de sa propre expérience, Blandine Soulmana nous raconte comment, après avoir vécu les pires violences, elle a enfin réussi à trouver le chemin de la paix et du bonheur. Elle propose un parcours en plusieurs étapes et dessine un itinéraire fort intéressant.

L'importance de parler de sa souffrance

Parce qu'il est important de nommer les choses, de les reconnaître pour les accepter et décider de ce qu'on fait avec, cette phase est essentielle dans le processus de guérison. Être capable de parler de ce qui est arrivé n'est pas de la complaisance ; la complaisance est de rester dans cette souffrance en refusant les étapes pour se libérer et grandir.

Parler n'est pas simple, surtout quand le drame est profond. Il faut trouver les mots justes, mais comment exprimer l'indescriptible ? Parler peut aussi être écrire d'abord pour se parler à soi-même. Jeter des mots sur un cahier pour ne pas avoir à les dire haut et fort. Se décharger des premières colères, épargner son entourage des cris de détresse si l'on estime qu'ils pourraient provoquer l'incompréhension autour de soi. Puis, lorsque nous en trouvons la force, exprimer ce qui nous habite.

Trouver le chemin pour se reconstruire

L'important n'est pas la destination, mais le chemin pour s'y rendre. Certains vont choisir l'autoroute, efficace et rapide, d'autres, les petits chemins de campagne pour prendre le temps d'admirer le paysage et entendre le chant des oiseaux. Ce qui importe, c'est d'avancer.

Le point de départ, c'est le drame. La ligne d'arrivée, c'est la réconciliation. Le carburant qui vous permettra d'avancer, ce sont les différentes ressources auxquelles vous aurez accès : psychologie, suivi psychiatrique, thérapies diverses telles que la méditation, l'intégration neuro-émotionnelle par les mouvements oculaires (EMDR), etc.

Décider pour soi-même

Les thérapeutes, les médecins, les amis et la famille peuvent être précieux pour vous accompagner, vous indiquer des solutions de rechange, mais il ne faut jamais oublier que la décision vous revient à vous et à vous seul(e). Ce qui est bien pour l'un ne l'est pas nécessairement pour l'autre. Chacun a une sensibilité et une perception différentes des autres. Certaines thérapies fonctionneront pour les uns et resteront sans effet pour d'autres. Cela ne signifie pas qu'il faut fermer la porte aux conseils que nous recevons, mais que seul(e) vous pouvez décider d'emprunter une voie ou une autre.

La culpabilité

La culpabilité est le plus grand frein à l'épanouissement. Paradoxalement, l'un des premiers réflexes d'une victime est de chercher en elle-même la cause de ce qui l'a traumatisée. Les questions se bousculent pour trouver la raison de ce qui est arrivé, et l'être humain a cette fâcheuse manie de refuser ce qu'il ne peut expliquer.

Après mon agression, j'ai cherché sa cause en moi : « Pourquoi moi ? Qu'ai-je fait pour mériter cela ? » C'est une erreur et il faut se débarrasser le plus rapidement de ce manteau de culpabilité. Ces questions n'ont aucune réponse. Je n'ai pas mérité ce que j'ai vécu. Je ne l'ai pas provoqué.

Il faut accepter que l'événement puisse échapper complètement à notre volonté ; il est inéluctable : mauvais endroit, mauvais moment. Je ne suis pas responsable de ce qui est arrivé, par conséquent, ces questions n'ont pas de raison d'être. La responsabilité est imputable aux agresseurs. Si ce n'avait pas été moi, ç'aurait été une autre femme.

Parfois, dans le cas d'une catastrophe, il n'y a pas de responsable. Personne ne dirait par exemple : « C'est ma faute » s'il était victime ou témoin d'un séisme.

La reconstruction de l'estime de soi

Une personne blessée doit vivre une forme de réhabilitation en fonction de la gravité de ses blessures et de sa capacité à récupérer. Il en va de même des blessures à l'estime. Certaines vont être craintives, d'autres vont hésiter longuement avant de faire le moindre geste ou vont avoir des peurs irraisonnées.

Quand on apprend à marcher, il faut accepter qu'on puisse faire des chutes, mais on sait qu'on y arrivera. C'est un mécanisme un peu identique à la personne qui a un accident de la route. Il faut reprendre confiance en soi avant de reprendre le volant. L'accident que vous avez eu ne signifie pas que vous ne pourrez plus jamais conduire, mais, souvent, il provoquera un traumatisme psychologique plus ou moins important qui va vous faire craindre de reprendre la route. Il va falloir reprogrammer votre subconscient pour qu'il retrouve sa confiance et son estime.

Retrouver l'enthousiasme de vivre

Il est normal que vous soyez ébranlé(e) après un drame. Personne ne vous le reprochera et vous allez d'ailleurs susciter la compassion de ceux qui vous aiment.

Vous aurez sans doute envie, pourtant, de la refuser parce que vous estimerez que personne ne peut comprendre votre douleur. Vous traverserez un océan de pessimisme et plongerez dans la dépression. La vie vous paraîtra sombre et sans issue.

Si vous refusez systématiquement les mains qui se tendent, vous constaterez que votre présence n'est plus recherchée et vous en souffrirez, car l'énergie des autres n'est pas inépuisable et, en refusant leur aide, vous les épuiserez.

Vous avez tout intérêt à démontrer des signes d'optimisme, même par de petits mots ou un pâle sourire. Cela alimentera autour de vous l'envie de vous venir en aide, et vous constaterez qu'avec le temps, même si vous ne voyez pas le bout du tunnel, vous vous sentirez envahi(e) d'une nouvelle énergie.

On pourrait presque apparenter ce comportement à de la programmation neurolinguistique (PNL) : j'accepte les messages de soutien, je leur réponds positivement et ces messages deviennent une vérité palpable.

Partagez, riez avec ou sans raison, multipliez les occasions de vous faire plaisir et faites plaisir aux autres. Lisez un bon livre, regardez un bon film, mangez quelque chose de bon, ayez des discussions animées, choisissez vos amis en fonction de ce qu'ils vous apportent et de ce que vous avez à donner, accordez plus d'importance aux qualités qu'aux défauts, ne fermez pas la porte aux découvertes et aux autres.

Cet exercice n'est pas facile à faire, mais le temps est votre principal allié.

Pourquoi le pardon ?

Nous aborderons ce point essentiel plus loin dans ce livre. Le pardon est la ligne d'arrivée lorsqu'il est sincère. Il est libérateur parce que l'amertume et le ressentiment sont les poisons de l'âme. Sans pardon, c'est la colère qui vous guette et qui va devenir un cercle vicieux, car la colère entretient la colère.

Si la colère est un réflexe légitime au départ, elle ne doit jamais devenir une seconde nature, car elle mobilise votre temps et énergie. Elle prend toute la place, n'en laisse plus pour autre chose. Blâmer l'autre est souvent une façon de ne pas s'assumer et de laisser à l'abuseur le pouvoir de contrôler le reste de sa vie…, même s'il n'est plus là.

Le pardon est le concept le plus complexe à appréhender quand nous sommes encore sous le coup de la violence de l'événement. Il est presque inenvisageable. Mais, rassurez-vous, il intervient au moment voulu sans que vous ayez besoin d'aller à la rencontre de votre agresseur pour lui donner votre absolution. Le pardon est un traité de paix que vous signerez avec vous-même.

Comment réussir à pardonner ?

En acceptant qu'on ne puisse pas tout comprendre et raisonner. En reconnaissant qu'on a appris de ces situations difficiles et qu'elles nous ont permis de grandir et de découvrir notre potentiel insoupçonné à travers la douleur. En lâchant prise et en se disant que ce qu'on a eu à vivre fait maintenant partie du passé. Pardonner, ce n'est pas oublier, approuver ou devenir ami, c'est juste laisser aller.

Et enfin, le lâcher-prise

Lâcher prise, c'est apprendre à contrôler ce qui nous appartient et à laisser aller ce qui ne dépend pas de nous. Dans un monde idéal, nous voulons tous contrôler nos vies. Il y a des événements sur lesquels nous avons les pleins pouvoirs et d'autres sur lesquels nous n'en avons aucun.

Il arrive que nos souhaits se réalisent, il arrive également que ça ne se réalise pas pour toutes sortes de raisons. Plus nous voulons, plus nous consacrons temps et énergie, plus nous rêvons, plus la défaite est cuisante. Personne ne me contredira si j'affirme que notre objectif à tous est de connaître le bonheur et la plénitude.

Malheureusement, le monde idéal n'existe pas. Combien de fois avons-nous consacré un temps précieux à nous acharner pour gagner une cause perdue ou à refuser de voir qu'elle était perdue ? En plus de la déception de ne pas obtenir ce que nous voulons, nous y laissons souvent notre joie de vivre et même notre santé et notre équilibre.

Apprendre à contrôler ce qui nous appartient, laisser vraiment aller ce qui ne dépend pas de nous et ajuster nos objectifs en fonction des événements et des décisions des autres, non seulement ça s'apprend, mais ça nous réserve souvent de belles surprises et découvertes.

Voilà les grandes lignes de ce qui attend les victimes de drames pour se réconcilier avec la vie. Cela prendra des mois, voire des années en fonction de la gravité de votre drame. Ne désespérez pas, cela finira par arriver.

Et même si vous traversez des périodes pendant lesquelles vous aurez l'impression que tout est fini, qu'il n'y a aucune issue, sachez que le temps, la volonté, l'espoir vous guideront et seront des compagnons de route très précieux.

12

La justice ne permet pas la guérison

Dans mon cas, victime d'une agression, la justice représentait l'espoir d'une guérison totale, presque une réparation. Pour d'autres, victimes d'accident, témoins d'une catastrophe, la justice intervient peu ou pas et ne constitue pas un point important.

Il m'était arrivé, comme tout le monde, de voir des interviews de victimes ou de leur entourage à la sortie d'un procès au cours duquel les criminels s'étaient vu infliger de lourdes peines.

Je ne m'expliquais pas bien pourquoi on critiquait une institution qui, semblait-il, avait fait son travail. Je compris mieux ce ressentiment à l'heure où mon avocat criait victoire parce qu'une condamnation avait été prononcée alors que moi je n'éprouvais aucune fierté et encore moins un soulagement.

L'enquête a duré 18 mois, pendant lesquels je rencontrais les enquêteurs plus ou moins régulièrement. Ils ne me dévoilaient pas tous les éléments dont ils disposaient et cela ne me dérangeait pas.

Je m'en étais remise à eux, je n'avais nullement l'intention de retrouver mes agresseurs avant la police et de me rendre justice moi-même.

Cela m'a permis de me décharger d'un autre fardeau : celui de la nécessité absolue de punir les membres de la meute. Je savais que cela arriverait et j'étais aussi peut-être bien trop préoccupée par mon propre cas pour m'occuper en plus de celui des autres.

Je coopérais donc de bonne grâce.

Dans un premier temps, les seuls éléments concrets étaient les preuves recueillies sur les lieux du crime, celles recueillies sur et dans mon véhicule et les preuves médicolégales prélevées sur mes vêtements et lors de mon premier examen médical. L'ensemble de ces éléments constituait une bonne base.

Sur le terrain avaient été découverts deux préservatifs qui furent d'une importance capitale puisque l'analyse ADN permit de dresser un profil génétique de deux de mes agresseurs.

La voiture ne se révéla pas aussi riche de renseignements. Les prélèvements d'empreintes furent peu probants. Elles se superposaient et se brouillaient trop pour être exploitables. En revanche, on réussit à extraire l'ADN de traces laissées sur mes vêtements. Ce profil était différent des deux autres et permit d'établir un portrait génétique du troisième agresseur.

À de nombreuses reprises, on me convoqua et je dus me prêter à des séances d'identification. J'ai vu passer devant mes yeux des milliers de visages inconnus et patibulaires. Bon sang, il y a donc tant de criminels ? Certains n'avaient rien à voir avec ceux que l'on recherchait, d'autres leur ressemblaient, et la vision de ces portraits anthropométriques me plongeait dans des souvenirs refoulés. Au fil des heures, les visages se brouillaient. Ils finissaient par se ressembler tous.

Quelque temps après le début de l'enquête, mon cœur sursauta lorsque je crus reconnaître l'un des prédateurs. Il fut convoqué, interrogé, puis finalement disculpé. Bien plus tard, j'appris de la bouche des enquêteurs que celui que j'avais reconnu, s'il n'avait rien à voir avec cette affaire, était le cousin d'un des violeurs.

Rapidement, je rencontrai le juge d'instruction qui fut particulièrement courtois. C'était l'un des plus jeunes juges de la capitale et il tenait à ce que cette affaire trouve une issue positive.

Avec mon avocat, il prit le temps de m'expliquer le fonctionnement de la justice et le déroulement des procédures. Il démystifia un monde qui m'était complètement étranger et qui le restera, je le souhaite, pour la majorité de la population.

Mon téléphone portable, qui avait été volé le soir de l'agression, intéressa beaucoup le juge. Il eut un bon pressentiment, car, environ deux mois après l'agression, l'appareil fut réactivé. Le téléphone offrit des données de géolocalisation précieuses.

Il est difficile de comprendre pour quelle raison il fallut un an et demi avant qu'on procède à l'arrestation. Le profil ADN détecté et la piste du téléphone cellulaire pourraient laisser croire qu'il serait simple de retrouver les agresseurs et de les mettre derrière les barreaux. Malheureusement, rien n'est aussi facile.

Disposer d'un profil ADN ne signifie pas que le fichier national automatisé des empreintes génétiques (FNAEG) contenait le même profil des violeurs. Les législateurs n'avaient mis en place le FNAEG qu'en 1998, même pas deux ans avant l'agression et, pire, le décret de mise en application du FNAEG ne fut publié qu'en 2000.

Et quand on sait qu'en 2002, la base de données du fichier ne comportait qu'à peine plus de 2000 enregistrements, on comprend mieux que les profils ADN relevés n'aideraient pas à retrouver les trois violeurs.

Au mieux, ces profils permettraient d'identifier des suspects à qui l'on imposerait des prélèvements comparatifs dans le cadre de l'enquête.

Le téléphone, quant à lui, permit uniquement de localiser une zone géographique dans laquelle il était utilisé ou repéré par les antennes-relais. Et personne ne pouvait garantir que celui qui l'avait réactivé était l'un des criminels. Il avait peut-être tout simplement acheté l'appareil sur un site de petites annonces en pensant faire une bonne affaire.

Ma voiture fut passée au peigne fin (je ne la revis d'ailleurs plus jamais), mais aucune des empreintes digitales n'était exploitable. Quelques cheveux et poils avaient été prélevés, mais rien de probant tant que l'on ne disposerait pas de profils génétiques comparatifs.

L'enquête piétinait donc. Nous devions attendre un coup de chance et que l'un d'eux soit arrêté par hasard ou soit balancé par un de ses comparses ou, pire…, que l'un d'eux se fasse prendre en flagrant délit de récidive, un scénario que je ne voulais surtout pas imaginer. J'étais en effet préoccupée par une chose : qu'ils recommencent avec une autre ou que je les croise à nouveau par le moins heureux des hasards.

Comment aurais-je réagi ? Je n'ose même pas l'imaginer. Et, contre toute attente, quelque chose d'autre me perturbait : je ne voulais en aucun cas que les policiers commettent une erreur et mettent sous les verrous un innocent.

Patrick Dils, condamné pour meurtre en 1989 et reconnu comme victime d'une erreur judiciaire, faisait la une des journaux à cette époque. Le malheureux venait de perdre 15 ans de sa vie en prison et avait subi les pires sévices durant cette période.

J'ai été très touchée par cette histoire. Je ne voulais surtout pas que mon drame en engendre un autre. Il était donc impératif pour moi que les suspects qui seraient mis en examen et emprisonnés soient les vrais coupables et qu'il n'y ait pas l'ombre d'un doute.

Les policiers tinrent bon, pour ne pas dire qu'ils s'entêtaient dans leurs recherches, et je les en remercie encore aujourd'hui, car c'est cette assiduité qui permit enfin un dénouement après 18 mois de calvaire.

Un matin, l'adjudant me contacte au travail, comme il le faisait parfois, pour me demander si je pouvais lui accorder un peu de temps. Je lui répondis par l'affirmative et l'attendis. Quand il arriva, accompagné d'un autre enquêteur, je distinguai une petite lueur inhabituelle dans ses yeux.

Il me demanda s'il était possible d'aller prendre un café, ce à quoi j'acquiesçai. Nous allâmes dans un bar, pas très loin du bureau, et nous installâmes à une table un peu en retrait. Je m'attendais à une nouvelle séance d'identification, mais il n'en fut rien.

Il m'observa tout en tirant de sa poche une seule photographie. Il la posa devant moi sans dire un mot, et mon cœur se serra comme s'il était emprisonné entre les mâchoires d'un étau. Ce fut le flash. Je fus arrachée de la réalité et je replongeai immédiatement, sans préambule, dans ma nuit d'horreur.

— Oh mon Dieu, c'est lui ! fis-je. C'est le leader des trois.

— En êtes-vous sûre ? me demanda-t-il.

Ne me laissant même pas le temps de répondre, il continua :

— De toute façon, nous savons que c'est lui. Nous avons découvert des preuves irréfutables.

Il m'expliqua alors que deux individus avaient été arrêtés par la police peu de temps avant dans le cadre d'une affaire de vol à main armée.

Les tests ADN effectués sur eux avaient révélé que l'un de ces deux individus était impliqué dans mon affaire. Il s'agissait du leader. Dès lors, l'arrestation de ses deux compères suivit peu de temps après. Ils étaient enfin sous les verrous. Le monde pouvait respirer.

Cette arrestation m'apporta un immense soulagement. Je pourrais enfin me promener dans les rues sans craindre de me trouver nez à nez avec eux.

Ma famille aussi fut soulagée. Nous n'en étions tout de même pas à lever nos verres à la postérité, car il est difficile de parler de victoire. Disons simplement que la justice venait de remporter une bataille.

Mais le chemin vers une condamnation s'annonçait long et fastidieux. Les enquêteurs avaient fait du bon travail. Je pouvais compter sur un juge d'instruction très motivé et un avocat très compétent. Mais nous ne sommes jamais à l'abri d'un petit grain de sable, d'une faute de procédure qui nous renverrait à la case départ... Les exemples ne manquent pas, malheureusement.

Pour éviter les mauvaises surprises, avec mon avocat, nous avons plongé dans le dossier et l'avons étudié de A à Z. Nous voulions mettre toutes les chances de notre côté pour mener ces trois individus là où ils devaient se trouver : en prison.

Étrangement, aucun sentiment de vengeance ne m'habitait. Je n'agissais qu'au nom de la justice et de la sécurité des autres femmes. Mon avocat m'indiqua que ce serait long. Mon dossier était divisé en sept tomes qu'il fallait éplucher et, selon lui, le mieux était d'en venir à bout avant la première confrontation. Il tenait à ce que je sois prête. Sans doute était-ce son expérience qui le guidait. Il avait l'habitude.

La confrontation fut rude. Je m'y étais préparée, mais peut-on vraiment se préparer à ce genre de chose ? Elle ne dura pas très longtemps, une vingtaine de minutes tout au plus.

Le juge d'instruction joua son rôle, celui d'un magistrat qui présume de l'innocence des trois lascars alignés devant lui, accompagnés de leur avocat. Ceci peut être difficile à comprendre et à imaginer tant les preuves accumulées étaient à charge.

Mais il assura ses fonctions comme il se doit. Tant qu'un individu n'a pas été condamné par un jury populaire, il est innocent.

Il ne me posa que peu de questions. Après quelques minutes seulement, l'un de mes agresseurs s'énerva et prétendit que j'étais consentante, que je n'avais rien dit. Il avait une notion très particulière du bon gré de ceux qu'il menaçait d'un couteau, menace agrémentée de paroles très invitantes du genre : « Si tu n'obéis pas, je te saigne ! »

Je ressortis de là ébranlée, même si les prédateurs n'eurent pas une seule fois durant cette confrontation le courage de croiser mon regard. C'était de toute manière bien mieux ainsi.

Aujourd'hui, je me demande encore si ce genre d'épreuve est absolument nécessaire. Je peux comprendre que, dans certains cas, les confrontations fassent avancer une enquête, mais dans mon cas à moi ? N'y avait-il pas suffisamment de preuves ? La justice a parfois un visage inhumain. Ceci en est un bel exemple. Je ne me plains pas de son travail, je m'interroge sur ses méthodes.

Les dés étaient jetés. Les trois individus furent inculpés et incarcérés en attendant leur procès. L'attente fut longue. La routine reprit ses droits : thérapie, médicaments, rencontres avec mon avocat... Routine qui me rappela à mes souffrances.

L'arrestation de mes agresseurs ne guérissait pas les plaies. Je ne peux même pas dire qu'elle les pansa. Il fallut replonger dans le drame pour préparer le grand jour. Éplucher les dossiers, relire les déclarations des uns et des autres puisque nous avions accès à tout le dossier.

Je découvris au passage la déposition initiale de mon père, le déroulement de l'enquête, les preuves, les indices sans suite, les interrogatoires, des photographies aériennes des lieux du crime dont je ne connaissais pas l'existence, le rapport d'expertise de ma voiture (mais où était-elle donc passée ?).

Je relus mes propres dépositions, celles des témoins, de mes sauveteurs, j'accédai aux expertises psychologiques des agresseurs… Ce fut un travail long et éprouvant, mais qui me procura aussi ce à quoi je ne m'attendais pas : une seconde prise de conscience de mon histoire. Elle ressemblait tellement à un fait divers, c'en était troublant.

Je compris aussi alors à quel point j'avais eu raison de me rendre immédiatement et sans détour dans un poste de police.

Je pris conscience que, sans les traces ADN, le dossier ne comportait que des preuves circonstancielles, et persuader les jurés aurait été compliqué.

À ce propos, je tiens à rappeler encore une fois l'importance de se prêter à cette démarche. Oui, je sais que l'état dans lequel est plongée une victime est inhumain. Oui, je sais que la première chose que l'on souhaite après un tel événement, c'est de se débarrasser de cette croûte nauséabonde que nous portons comme une seconde peau. Mais, sans ces prélèvements, sans les traces de violence, sans les vêtements souillés, quelle crédibilité aurions-nous ?

Je ne vous cache pas que, dans les premiers temps, la police a aussi étudié la possibilité que j'aie créé de toutes pièces mon agression.

***

Deux jours à huis clos ! Étant donné la notoriété de mon père, il fallait éviter une salle bourrée de curieux et de voyeurs. J'étais plus à l'aise avec cette solution. Pas de public.

Des témoins à la barre, une victime dans la salle, trois accusés dans le box, des avocats pour la défense, un avocat pour la plaignante, un avocat général qui semblait bien connaître le dossier, une présidente, deux assesseurs, neuf jurés, des huissiers, un greffier, une partie civile, des experts et quelques membres de la famille. Cela représentait tout de même un bel auditoire pour déballer les sévices dont j'avais été la victime. C'était intimidant.

Le premier jour d'audience, mon avocat est passé me prendre à mon domicile. Dans la voiture, il crut bon de me préciser :

— Ce procès ne va pas être facile pour vous. Ni pour personne d'ailleurs. Le seul conseil que je peux vous donner est de garder votre calme. C'est le meilleur moyen de gagner les jurés.

On ne s'embête pas avec les préliminaires. La présidente fait entrer les inculpés. L'avocat général expose l'affaire du 25 décembre 1999, qui s'est déroulée à 2 h 30 du matin.

Un premier expert psychiatre est convoqué à la barre afin de dresser le portrait psychologique des accusés. Enfance difficile, père absent, mère soumise, scolarité médiocre, bref..., la ritournelle habituelle.

Sur le plan psychiatrique, ce n'est guère plus brillant. Mais, au moins, ils sont aptes à subir leur procès.

Puis ce fut mon tour. On disséqua consciencieusement toute ma vie. « Née le 4 décembre », jusque-là, rien de bien original. Ma scolarité et ma vie professionnelle ne firent que pousser au bâillement la chambrée. Mais voilà que l'on entre ensuite dans les détails les plus sordides. Date de mes premières règles, détail de mes relations amoureuses :

— Le sujet a été pubère assez tardivement, vers 17 ans. Elle était timide, mal informée sur la sexualité par sa famille. Elle n'a eu ses premiers flirts qu'à 16 ans et sa première relation sexuelle à 18 ans avec un homme de 23 ans...

J'appris tout de même par la suite que ma personnalité était normalement structurée, que, malgré une enfance perturbée par une éducation à la limite de la maltraitance, selon la cour et l'expert psychiatre, j'avais réussi à m'adapter, à me construire et que, si j'avais gardé une sensibilité importante et une certaine méfiance dans mes relations affectives, j'avais réussi à reprendre confiance en moi et à lutter contre mon anxiété. Ouf ! On me gratifia d'une certaine intelligence et on me jugea capable d'établir des relations de très bonne qualité.

L'expert termina en précisant :

— Le retentissement post-traumatique a été très important sur le plan psychologique. Elle a vu sa vie bouleversée. Elle a traversé une phase dépressive, des pertes de mémoire, et son angoisse est encore bien présente et la perturbe dans ses activités sociales et dans son travail.

À la fin de la première journée, j'étais épuisée et ébranlée, partagée entre la satisfaction d'avoir réussi à tenir le coup et d'avoir effectué la moitié de la corvée, et celle de devoir encore supporter une journée de procès.

Le soir, je me repassai le premier épisode de la série. Je revis le psychiatre dresser un portrait consternant des trois accusés, l'adjudant expliquant son enquête dans le moindre détail et notant :

— Les éléments donnés par la victime ont été pour la plupart capitaux pour le déroulement de cette enquête, et je précise que, chaque fois que la victime a été confrontée à la vue de photos de malfaiteurs, à la présentation de plusieurs individus identifiés et choisis par l'équipe de la police judiciaire, elle n'a jamais désigné un criminel à la place d'un autre.

Je réentendis également le médecin légiste confirmer les viols. Mais le clou de la journée fut sans conteste la prestation exceptionnelle de l'avocat de la partie civile qui fit l'éloge de la cigarette de la condamnée à mort et évoqua par le biais d'une peuplade de métaphores une nuit d'enfer à en faire froid dans le dos.

J'avais appréhendé le moment de passer à la barre. Je racontai encore une fois et dans le moindre détail ce fameux soir du départ de la chaîne jusqu'à la fin du cauchemar. Et puis les jours et les semaines qui ont suivi. Cela dura une heure et demie. J'avais l'esprit en éveil, mais mon corps avait, lui, du mal à suivre. Pour finir, j'assénai sans l'avoir préparé mon atout maître.

— Je ne souhaite à personne de vivre une telle épreuve, avais-je conclu.

Puis, me tournant vers le banc des accusés, je précisai :

— Pas même à un criminel.

À la deuxième journée d'audience, j'étais dans un état second. Elle serait moins pénible que la première parce que j'avais déjà témoigné. Mais elle serait pire que la première, car j'allais être confrontée à un délibéré, et rien n'est jamais gagné.

Mon avocat avait confiance. Je reçus des fleurs et quelques appels d'encouragement, et l'un de mes frères m'apporta un soutien inestimable par sa présence.

Parole à la défense ! La dernière carte est dans leur main. Qu'en feront-ils ? Était-ce un as ou un sept ? Allaient-ils sortir un joker de leur manche ? La présidente du tribunal s'adresse aux accusés l'un après l'autre. Ils se rejettent la balle, se cachent derrière des excuses qui n'en sont pas, nient les menaces de mort, minimisent leur participation, prétendent avoir été entraînés par l'un ou par l'autre...

En fait, une partie de leur défense consiste à détourner l'attention. Qui a, le premier, eu l'idée de s'arrêter pour prendre de l'argent au distributeur ? Qui a eu l'idée de me violer le premier ? Qui possédait le couteau ? Que comptaient-ils en faire ? L'un soutient qu'il a eu constamment des scrupules, l'autre affirme qu'il ne voulait pas, que les faits ne se sont pas passés ainsi, que, si je n'y ai pas trouvé de plaisir, je ne me plaignais pas non plus, que j'étais peut-être consentante... Et, de consentante à provocatrice, il n'y a qu'un pas.

J'appris aussi des choses que j'ignorais. Ils avaient eu l'idée à un moment de brûler le véhicule pour effacer les traces. L'un affirma qu'il m'aurait fait sortir avant pendant que l'autre avouait avoir voulu m'y laisser. Pas de témoins !

Lors de sa plaidoirie, mon avocat rappela les faits et définit, en conclusion, ce que j'étais, ce qu'ils avaient fait de moi :

— Jamais un souvenir comme celui-ci ne s'efface, et rien ne sera jamais comme avant. « Je veux juste vivre un tout petit peu, mais c'est invivable », nous a dit Cynthia Sardou.

Trois heures d'attente pour le délibéré. L'avocat général a requis 18 ans de réclusion criminelle pour le leader, 16 ans et 13 ans pour les deux autres. Il tente de me rassurer en m'indiquant qu'il a rarement vu une partie civile aussi solide. Finalement, 15 ans, 13 ans et 10 ans de réclusion criminelle furent infligés.

J'y ai cru. J'ai vraiment pensé que la fin du procès correspondrait à un retour à une vie normale, que je retrouverais le sommeil, que je pourrais enfin cesser de prendre mes petites pilules à heures régulières. J'y ai tellement cru que ça a failli se produire. Après tout, n'avais-je pas un bon travail, un appartement, une voiture et tout ce dont on peut avoir besoin ?

13

Regard sur la justice

On entend souvent dire que la justice est une institution froide, lourde et handicapée par une inertie inacceptable. Au risque de provoquer une levée de boucliers, je serais tentée de saluer ces défauts et même de leur trouver une certaine utilité. Cela étant, je ne dis pas que tout est parfait et je prétends même que certaines améliorations peuvent être apportées. Mon expérience avec la justice n'a pas été une partie de plaisir et n'a pas débouché sur un sentiment de paix, loin de là.

La froideur de la justice est parfaitement légitime en ce sens qu'elle doit rester objective, même lorsqu'elle se penche sur les pires scènes de violence. Les magistrats effectuent un travail très complexe et doivent garder en point de mire une seule chose : la vérité qui débouche sur une sentence la plus juste possible. Imaginons qu'un magistrat se laisse emporter par ses émotions et soit guidé par des principes personnels. Pensez-vous qu'il serait habilité à exercer son pouvoir ? Car la justice est un pouvoir !

Un bon magistrat est celui qui agit en bon père de famille, qui laisse de côté ses émotions et même jusqu'à ses convictions personnelles. Une mission délicate exigeant des qualités que peu de femmes et d'hommes possèdent : le discernement. Le magistrat, pour exercer son mandat, doit pouvoir se dissocier de l'affaire qui l'occupe, prendre du recul, analyser et n'a pour seul maître que le Code pénal (ou civil).

C'est heureusement le cas pour la majorité des juges français, mais l'histoire de la justice comporte aussi des exemples terribles de magistrats qui, dès qu'ils ne respectent plus leur principe d'objectivité, peuvent aussi bouleverser des vies innocentes.

À la moindre pression, la justice peut alors prendre un visage hideux. L'affaire Dreyfus en est l'illustration parfaite. La pression politique et sociale de l'époque a joué un rôle majeur dans ce qui est encore une référence en termes d'iniquité. Plus récemment, c'est un juge d'instruction qui a démontré un manque total de discernement : le célébrissime juge Fabrice Burgaud, qui s'est vu chargé de l'affaire d'Outreau.

Je ne parle pas d'erreurs judiciaires, mais de procédures judiciaires. Les erreurs sont une autre histoire et n'engagent pas forcément la responsabilité des magistrats.

Il paraît donc évident que cette distance prise par les magistrats est tout à fait justifiée. La plupart du temps, les critiques face à cette froideur découlent d'un état émotionnel en décalage avec le bon sens.

La victime demande justice à tout prix. À tout prix ? C'est peut-être bien là que se situe la limite à ne pas franchir. On a vu ce que cette volonté de justice, lorsqu'elle n'est pas pondérée, pouvait faire comme dégâts à l'issue de la Libération, à la fin de la Seconde Guerre mondiale.

Des centaines de milliers de gens ont été montrés du doigt, tondus, marqués, lapidés et exécutés sommairement et, parmi eux, des innocents. Peut-on souhaiter une justice de ce genre ?

Cette froideur, vue sous cet angle, devient une qualité. Elle donne finalement au mot « justice » tout son sens. Pour ma part, je considère avoir été traitée justement dans le cadre de mon affaire. La police, le juge d'instruction et la présidente de la cour d'assises ont fait un excellent travail. Si parfois j'ai eu le sentiment que l'on ne prenait pas en considération mon statut de victime, avec le recul, je considère que tout a été fait dans le bon ordre.

Des améliorations sont toutefois à apporter aux procédures. Rien n'est jamais parfait, et je profite de ce témoignage pour lancer un message à qui de droit. Un élément de la procédure m'a été particulièrement difficile : la confrontation avec mes agresseurs dans le bureau du juge d'instruction. Si cette confrontation a eu lieu, c'est parce qu'elle fait partie du processus habituel de l'enquête. Je remets en doute le bien-fondé de cette rencontre dans certains cas tels que le mien.

En me rendant immédiatement au poste de police après l'agression, j'étais, selon le policier qui était de permanence, en état de choc. Son témoignage l'indique clairement. La visite médicale qui a suivi a établi, selon le témoignage du médecin qui m'a examinée, la véracité des faits qui m'ont amenée à déposer une plainte.

Il y avait eu viol. Tous les éléments qui sont venus alimenter mon dossier ont confirmé mes dires. On ne pouvait donc remettre en cause mes allégations.

Les preuves recueillies lors de l'enquête désignaient les trois individus sans le moindre doute. Qu'il s'agisse de l'ADN, de leur identification dans les catalogues de photographies de la police et même de leurs aveux. Pourquoi m'infliger une confrontation ? Qu'a-t-elle apporté de plus au dossier ?

Les confrontations sont une épreuve presque inhumaine pour les victimes. Lorsque les choses sont clairement établies (dans mon cas, j'avais été victime d'un viol, et l'implication des trois individus était incontestable), ne pourrait-on pas épargner la victime ?

L'autre point qui pourrait, selon moi, être amélioré, c'est cet étalage parfaitement inutile de ma vie au cours du procès. Quel est l'intérêt d'indiquer la date de mes premières menstruations ? Où veut-on aller lorsque l'on indique que j'ai été pubère relativement tard ?

Je peux comprendre que l'on puisse dresser mon profil psychologique, car il permet d'établir la gravité du traumatisme engendré par le crime ou encore de définir si j'ai été aguicheuse et si j'ai, d'une certaine manière, provoqué la meute. Mais, ce qui m'a été insupportable, ce sont ces détails intimes qui n'ont aucun intérêt dans l'affaire. C'est tout juste si l'on n'a pas, dans la foulée, indiqué mes mensurations ou ce que j'avais avalé au petit-déjeuner. Ne pourrait-on pas limiter ce déballage aux choses qui ont eu une incidence directe dans le crime ?

Un procès est traumatisant, car il nous ramène à un épisode de notre vie que l'on voudrait oublier. Trouver la force de me présenter en cour pour témoigner et faire en sorte que la société puisse dormir en paix, puisque cela a permis de neutraliser des prédateurs, m'a été très pénible. Parler de moi et de choses qui me sont les plus intimes sans la moindre utilité dans ce procès m'a donné la nausée et n'a fait qu'alimenter mon traumatisme. Je me suis sentie mise à nu contre mon gré. Je me suis sentie violée une seconde fois.

Ne serait-il pas judicieux qu'avant les débats en cour d'assises, un travail soit effectué pour distinguer ce qui doit être dit de ce qui ne doit pas l'être ? La justice ne gagnerait-elle pas en humanité en effectuant un travail de tri de ces informations ?

Je ne dirai pas merci au psychiatre qui a, ce jour-là, offert en pâture des détails de ma vie la plus intime. Je m'estime heureuse d'avoir bénéficié d'un procès à huis clos, ce qui m'a épargné, ainsi qu'à ma famille, des titres racoleurs dans la presse à scandale. Car je suppose que, après avoir été la victime d'une meute de violeurs, j'aurais été la victime d'une meute de journalistes avides de détails croustillants. Je considère cet étalage comme un manque total de discernement et je plains tous ceux et celles qui vivront un jour ce genre de mauvaise expérience. Heureusement, cela m'a été évité grâce à mon entourage familial et cela a contribué au bon déroulement de l'enquête.

La lenteur de la justice m'a beaucoup exaspérée durant cette période. Je veux parler de l'enquête qui a duré 18 mois, puis l'attente du procès : encore une autre année.

J'étais, pendant l'enquête, préoccupée par deux choses : tant que les agresseurs étaient en liberté, je pouvais les rencontrer à nouveau ou, pire, ils auraient pu me rechercher et me trouver.

Pendant cette période, j'ai craint qu'ils ne fassent de nouvelles victimes, ce qui s'est d'ailleurs produit.

Malheureusement, à cette époque, la base de données du fichier des profils génétiques était presque vide, et les empreintes digitales n'étaient pas exploitables. La police a donc fait de son mieux avec ce qu'elle avait. Aujourd'hui, le FNAEG compte plus de deux millions de profils. La France avait plus de 10 ans de retard sur la Grande-Bretagne et, entre le vote politique permettant la constitution de cette base de données et sa mise en place, il s'écoula plusieurs années.

Une fois mes agresseurs arrêtés, j'ai dû patienter encore un an avant le procès, et je dois bien avouer que cette attente me mina passablement. J'avais hâte d'en finir, de me libérer de ce fardeau, que les criminels soient punis et qu'ils en prennent pour leur grade.

Si la justice avait eu la capacité de les juger sur-le-champ et que j'aie été l'avocat général, j'aurais requis le maximum pour viol aggravé sous la menace d'une arme, pour séquestration, menace de mort, vol aggravé et j'en passe et des meilleures. Je les aurais chargés au maximum pour qu'ils ne puissent plus jamais revoir la lumière du jour. J'étais sous le coup d'un désir de vengeance.

Heureusement pour eux, la justice prend son temps. Cette année qui s'est écoulée entre l'arrestation et le procès m'a permis d'évacuer ma colère et d'aborder les deux journées d'audience débarrassée de mon émotivité.

Cette lenteur rend finalement plutôt service. Elle permet de prendre du recul et de laisser de côté les réactions épidermiques, le goût de cette vengeance bien légitime. Elle permet de plonger dans l'étude du dossier et de se présenter devant le président bien préparé.

Vus sous cet angle, les deux grands défauts de notre justice deviennent des qualités. N'y a-t-il pas là matière à réflexion ?

***

Quoi qu'il en soit, un procès n'est pas tout. Trois ans après mon agression, je souffrais encore beaucoup psychologiquement et, même si je faisais tout pour mener une vie normale, j'étais loin d'être revenue au niveau d'avant l'agression.

Bien sûr, j'avais déjà beaucoup cheminé depuis cette soirée de Noël 1999. Mon corps était réparé et je n'avais pas été contaminée par le VIH, ce qui était en soi une vraie chance.

Mes agresseurs étaient mis hors d'état de nuire pour les prochaines années, mais combien d'autres traînaient encore dans les rues sombres, dans les parkings souterrains, ou guettaient leur prochaine proie à la sortie des écoles ? Et que se passerait-il lorsqu'ils sortiraient de leur geôle ?

Personne n'est préoccupé par ce genre de choses dans la vie quotidienne. Notre bonne vieille Terre tourne, et tout va pour le mieux dans le meilleur des mondes. Seules les victimes sont confrontées à ce genre d'inquiétudes.

Les peines infligées seraient assurément allégées par des remises. Dans combien de temps seraient-ils remis en liberté ? Serais-je avertie ? Devraient-ils respecter des conditions ? Seraient-ils dans l'obligation de porter un bracelet électronique ? Et pourquoi ne leur avait-on pas imposé un traitement psychologique ou une castration chimique ? On venait de les mettre en prison, mais on ne pensait pas encore à leur sortie. On n'avait rien prévu pour le grand jour.

Après le procès, j'ai continué à bénéficier d'un accompagnement médical et je suivais toujours un traitement. Je bénéficiais de cet avantage principalement parce que mon agression a été considérée comme un accident du travail, les faits s'étant déroulés sur le trajet du retour de mon bureau. Ce statut particulier aura été salvateur pour moi, mais je ne peux m'empêcher de penser à celles et ceux qui n'entrent pas dans ce cas de figure.

Cela étant, un sentiment étrange est apparu dans les semaines qui ont suivi. J'ai ressenti un grand vide. La police avait terminé son travail. La justice était rendue. Que se passerait-il maintenant que j'étais reconnue en tant que victime ?

Je me suis engagée dans un combat pour une meilleure reconnaissance des victimes et dans le but de faire avancer la justice. Je rencontrai le ministre de l'Intérieur de l'époque et, un peu plus tard, la ministre de la Justice. Un programme devait être mis en place, mais la justice est une machine engluée dans le conservatisme.

Le procès est un point culminant dans le long parcours qui mène à la réconciliation avec la vie, mais il n'en est pas l'élément central. Je me suis moi-même beaucoup raccroché à cette justice en espérant pouvoir ensuite ne penser qu'à la guérison de mon âme. Mais je me suis rendue à l'évidence : j'étais bien loin de trouver la sérénité.

La plaie était toujours présente, et il me faudrait ne compter que sur moi-même pour vaincre. Cette évidence ne m'est pas apparue immédiatement. Elle est venue plus tard.

14

Le processus d'acceptation

L'acceptation est l'une des deux notions les plus importantes dans le cheminement vers une réconciliation. L'autre axe de travail sur soi-même qui permet cette réconciliation est le pardon, que nous aborderons dans un prochain chapitre.

Le mot « acceptation » risque fort d'étonner plus d'un lecteur. En effet, pour beaucoup, « acceptation » signifie « approbation » ou « consentement » et, quand on parle d'un viol, ces mots résonnent étrangement. En fait, le terme « acceptation » est ici utilisé dans un cadre psychologique et philosophique.

Dans notre cas, l'acceptation est un passage obligé, c'est le contraire du déni, et le déni, s'il est l'un des premiers réflexes qui suivent l'origine du traumatisme, ne doit pas devenir une seconde nature.

On ne résout pas un problème alors que l'on refuse de reconnaître qu'il y en a un. L'acceptation prend alors tout son sens ; il s'agit de reconnaître les faits inéluctables et de reconnaître qu'il faut maintenant vivre avec eux.

L'acceptation, c'est à la fois le portail et le chemin. Vous pourriez continuer à désirer que les choses soient différentes de ce qu'elles sont, mais cela vous condamnerait à vous clouer sur place et à revivre à l'infini les images de l'horreur en essayant de modifier le cours du temps, chose qui est par définition impossible. Plutôt que de vouloir modifier le passé, il va falloir prendre conscience du présent et travailler sur l'avenir.

Quiconque vit un drame ne peut en prendre conscience que lorsque ce drame est terminé. Comme j'en fais mention dans mon récit de l'agression, avant même de comprendre ce qui se passe, le cerveau envoie des messages conditionnés : des réflexes.

L'instinct de survie est un mécanisme qui se déclenche inconsciemment, et nous le partageons avec la presque totalité des espèces animales. Elle se traduit par une peur qui déclenche des réactions guidées par l'instinct. La première raison d'être du comportement animal est de lui permettre de maintenir son intégrité physique et d'éviter de mourir. C'est ce qui m'a poussée à obtempérer lors du drame. On peut appeler ce phénomène « état d'urgence ». Nous sommes encore loin de comprendre ce qui nous arrive, l'urgence n'étant pas d'analyser les tenants et aboutissants du drame, mais de préserver la vie. Tant que le danger est présent, il est difficile de prendre le dessus sur nos émotions et nos instincts. La perspective du temps se réduit à l'instant présent.

Croyez-moi, pendant que mes prédateurs s'amusaient avec moi, je ne pensais pas à mes rendez-vous du lendemain et je ne pensais même pas encore aux conséquences de ce qui se produisait. Ma seule idée fixe était de rester en vie. Lorsque mes agresseurs en ont eu terminé avec moi, j'étais encore gouvernée par mes instincts : trouver du secours, me réfugier à l'abri, l'esprit en alerte parce que je craignais qu'ils ne reviennent finir le travail.

Tout cela n'avait rien de rationnel. Mon comportement instinctif a commencé à se relâcher à mon arrivée au commissariat. J'étais dans un environnement où le danger était absent ; je pouvais baisser ma garde. En gros, le plus dur était passé. Ma vie n'était plus en danger dans l'immédiat. Mon taux d'adrénaline commençait à baisser. J'étais en état de choc, envahie par l'apathie, muette.

Les policiers m'ont permis de sortir de ma torpeur. C'est à ce moment-là que les émotions commencèrent à me submerger. Incontrôlables, elles se traduisirent par un flot de larmes, par des phrases décousues et incompréhensibles. Il m'a pourtant fallu faire un effort surhumain pour reprendre le dessus et répondre à certaines urgences : expliquer ce que je venais de vivre, subir les examens médicaux… C'est la prise de conscience des faits : je venais de me faire violer.

La première phase de l'acceptation ne peut intervenir que lorsqu'il y a prise de conscience des faits. Elle peut prendre plus ou moins de temps selon le traumatisme. Dans mon cas, elle n'est intervenue que lorsque j'étais face au policier, au moment de ma première déposition. Cette prise de conscience ne signifie pas que nous prenons toute l'ampleur du drame. Nous entrons dans un univers inconnu, et mesurer toutes les implications est également un processus à part entière.

Cette première phase d'acceptation consiste à sortir du déni : j'ai subi une agression. Les faits sont là. Ils sont inéluctables. Je ne peux pas revenir en arrière. Je dois maintenant agir pour m'en sortir.

Accepter, c'est d'abord reconnaître ses difficultés. C'est ensuite ne pas les renier et ne pas aller contre. C'est prendre conscience que ce qui nous arrive fait maintenant partie de notre histoire.

L'inéluctabilité de mon drame m'est apparue lorsque je me suis plongée dans le bain, et le geste que j'ai commis, celui de verser dans l'eau tous les produits cosmétiques que je trouvais à ma portée, représentait symboliquement le premier acte de mon long cheminement.

Il signifiait : « D'accord, puisque je ne peux pas effacer ce qui vient d'arriver, je vais agir pour réparer cette erreur du destin. » Bien entendu, j'étais à mille lieues de comprendre que ce geste guidé par une irrépressible envie d'éliminer toute trace de l'agression signifiait avant tout que je commençais mon combat.

L'acceptation commence donc avec une reconnaissance des faits. C'est douloureux, c'est presque une résignation, c'est un combat contre soi-même, c'est un déni d'orgueil. On ravale sa fierté et l'on constate les dégâts.

Pour imager ce à quoi correspond cette première phase de l'acceptation, imaginez une victime qui serait défigurée lors d'un accident. Dans un premier temps, cette personne vivrait le déni et refuserait catégoriquement de se regarder dans un miroir.

Nous pouvons dire que la première phase d'acceptation consisterait à oser ce regard. C'est un geste violent, mais nécessaire. Même avec toute la prudence du monde, il serait difficile d'imaginer qu'une personne pourrait vivre toute une vie sans croiser un miroir. Un jour ou l'autre, il faut faire face. Et le plus vite est le mieux.

D'ailleurs, un tel cas s'est produit il y a peu au Québec. Une jeune femme dans la vingtaine a été agressée par son petit ami qui lui a jeté de l'acide au visage.

On a craint pour sa vie pendant plusieurs jours. Ayant sombré dans le coma, la jeune femme a fait preuve, dès son réveil, d'un courage extraordinaire. Elle a d'abord subi des chirurgies qui lui ont sauvé la vie, puis elle a décidé de faire face à sa nouvelle réalité.

Avant cette agression, on lui faisait souvent remarquer à quel point elle était belle. Imaginez la bravoure qu'il lui a fallu pour oser le premier regard dans un miroir !

Elle a effectué cette démarche très rapidement et a découvert un visage déformé, enflé, boursouflé qui n'avait plus rien à voir avec celui qui était le sien. Ce courage d'accepter la vérité lui a permis de prendre rapidement des décisions par rapport aux possibilités de chirurgies réparatrices.

Elle peut aujourd'hui, environ un an après l'événement, se promener dans la rue sans que personne ne la regarde comme une bête curieuse.

Les chirurgies lui ont permis de retrouver des traits harmonieux et, même si elle ne jouira jamais plus de la beauté qui suscitait l'admiration avant, elle ressemble à un être humain. Ce n'est pourtant qu'un début !

Lorsque l'on a enfin osé se regarder dans son miroir, il faut réagir et commencer le travail de reconstruction de soi. L'acceptation doit être profondément ancrée au fond de soi et envahir tout l'espace.

De ce fait, il n'y a plus de place pour les frustrations, les colères, les remords, les regrets et tout ce qui apporte de la douleur. Cela donne la volonté d'agir et, agir, c'est la seconde phase de l'acceptation.

La première phase est un constat. Notre histoire a changé et nous devons conjuguer la vie à un nouveau temps. La seconde phase, c'est l'action.

Tout comme cette jeune femme défigurée qui a pris la décision d'accepter les opérations chirurgicales pour tenter de réparer les dégâts occasionnés par l'acide, toute victime doit reprendre le cours de sa vie en main et, par opposition au fait de devenir spectateur de son destin, redevenir le personnage principal de sa vie.

L'action, c'est chercher à se retrouver et à reprendre le contrôle des événements. Déposer une plainte en est un exemple. Se soigner, reprendre le travail et essayer de fonctionner normalement. Communiquer, renouer avec les autres, sortir de sa prostration, s'alimenter… Bref, réapprendre à vivre.

Après un événement traumatisant, il n'est pas rare de voir des sujets sombrer dans un état léthargique : manque d'appétit, insomnies, manque de motivation, impossibilité de se concentrer sur quoi que ce soit, dépression, peurs, enfermement, isolement et même agoraphobie… Il s'agit d'une réaction normale.

Je suis moi-même passée par ce stade. Ce qui est dangereux, c'est de se laisser glisser, de se complaire dans cet état et de le prolonger trop longtemps. Il est d'ailleurs fort probable que cet état persiste tant que la première phase d'acceptation n'a pas été complétée. J'avoue qu'il n'est pas facile de surmonter cette période. On se sent comme en transit dans un tunnel sombre. Tout a un goût amer. Impossible de sourire ou d'avoir les idées claires.

Pourtant, il faut réagir, et votre entourage pourra vous y aider s'il comprend bien la situation et réussit à prendre un peu de distance par rapport à votre douleur.

Pour ma part, j'ai refusé de sombrer et j'ai repris le travail une semaine seulement après les faits en me disant que cela m'aiderait.

Dans ma précipitation, j'ai un peu surestimé mes forces et j'ai finalement dû faire marche arrière parce que mon corps et mon esprit n'étaient pas encore prêts.

Pour sortir de cette léthargie, commencez par vous situer dans l'espace et le temps, deux notions qui nous paraissent déformées après un drame. Essayez de positionner des repères autour de vous, de réintégrer une sorte de routine rassurante.

Réservez-vous un petit coin douillet, lovez-vous dans une couette bien au chaud et écoutez une musique que vous aimez. Retournez dans le passé, réconciliez-vous avec vos plus beaux souvenirs en regardant des photos de moments qui vous ont marqué(e) positivement.

En fait, et pour résumer, reconstituez votre bulle, partez à la recherche de votre identité en offrant à votre esprit des bribes de moments agréables et rassurants. Cela n'effacera pas le drame qui vient de se produire, mais vous en limiterez l'imprégnation en occupant votre esprit avec des choses familières.

Comme je l'indiquais un peu plus haut, la seconde phase de l'acceptation, c'est le passage à l'action. Ne vous y jetez pas à corps perdu. Si vous êtes sous le coup d'un traumatisme, c'est que vous avez traversé un événement dramatique, et le chemin sera long avant de réapprendre à vivre normalement.

Vous ne partiriez pas en voyage sans emporter une valise, sans la préparer méticuleusement pour éviter tout oubli ? Vous voici au début du chemin et vous allez devoir avancer pas à pas, vivre chaque émotion comme on regarde des paysages, vous débarrasser au fur et à mesure des choses qui sont réglées pour vous alléger.

Vous ferez parfois des erreurs ou prendrez des chemins qui mènent vers des impasses. Ça aussi, il faut l'accepter pour évoluer vers une réconciliation avec la vie.

Vos fantômes vous hanteront longtemps. Ils réapparaîtront alors que vous pensiez les avoir abattus. Vous ressentirez aussi de la culpabilité et vous vivrez des moments de découragement. Vous traverserez des contrées inconnues et vous devrez réapprendre à faire confiance à ceux qui peuvent vous guider.

Vous devrez accepter de l'aide, les mains qui se tendent, fermer les yeux et vous abandonner, traverser des rivières dans lesquelles vous aurez peur de vous noyer. Vous devrez aussi parfois prendre le temps de vous arrêter et de vous reposer, de vous ressourcer. Vous devrez réapprendre à sourire et ne pas vous en vouloir pour avoir osé, l'espace d'un instant, laisser de côté tout ce qui vous colle au corps et à l'âme. Enfin, vous devrez aussi et surtout apprendre la patience parce que rien ne se règle en une seule journée.

Toutes ces étapes du long voyage représentent l'acceptation, source même de la réconciliation.

Et lorsque vous aurez parcouru cette route vers une nouvelle paix intérieure, lorsque vous aurez recollé tous les morceaux de ce que vous êtes vraiment, de votre identité, vous entrerez alors dans la troisième phase de l'acceptation, celle qui est totale. Vous pourrez alors parler de votre histoire sans qu'elle ait encore la moindre influence sur votre joie de vivre.

15

Les premiers pas

Après un drame, notre vie ressemble à un champ de ruines. Notre paysage intérieur est un grand terrain vague peuplé de tas de gravats, de façades en équilibre, de murs ébréchés, de bâtisses éventrées. Comment s'y retrouver ? Par où commencer ? Le travail semble si important, et notre univers, si désolé, que l'on se demande s'il ne s'agit pas d'une tâche démesurée, impossible à remplir.

Je dois avouer que, pendant un temps, le journalisme m'a permis d'oublier et de me raccrocher à quelque chose de concret.

Ma famille aussi me servait de repère. Elle m'apportait du réconfort dans mes moments de découragement. Elle me stimulait, m'encourageait, me guidait et me secouait parfois.

Je n'étais plus la petite Cynthia que tout le monde connaissait. La fille qui disait très souvent oui, toujours prête à sortir, à rire, à blaguer avait disparu comme si une trappe s'était ouverte sous ses pieds. Elle était devenue aigrie, fragile, renfermée, parfois sèche, froide, excédée...

Je voyais mon corps comme le support des stigmates de mon drame. Je voyais des plaies béantes là où il n'y avait rien. Obnubilée par mon image, je déployais des efforts sans limites et démesurés pour gommer des rides imaginaires et pour rester jolie.

Mon manque d'appétit m'avait donné une silhouette filiforme et je m'en étais accommodée. J'en faisais même une fierté, j'étais entrée dans les normes du mannequinat dont rêvaient toutes les jeunes filles ! On me faisait des compliments, mais tout ceci n'était que purement esthétique. J'avais peur de déclencher le désir.

J'avais changé et on ne se gênait pas pour me le dire. Il y avait un contraste entre l'image que je projetais à l'extérieur et l'état de mon champ de bataille intérieur.

J'avais créé de toutes pièces un personnage en pensant qu'il me tendrait la main pour m'emmener dans un univers où tout serait beau, propre, brillant, amusant...

Mon thérapeute ne me servait plus à grand-chose. Nous avions atteint les limites de ce qu'il pouvait faire pour moi.

Je prenais encore des médicaments pour réguler mon sommeil et quelques remèdes miracles censés me donner de l'énergie. J'avais l'impression que j'étais la seule maintenant à pouvoir me faire avancer encore.

Le soir de Noël commençait à ressembler à un mauvais souvenir que je pouvais chasser du revers de la main. Du moins était-ce ce que je pensais...

Mais tout semblait si vivant autour de moi. Le travail, les collègues, les soirées. Je ne pouvais quand même pas continuer à m'enfermer et à vivre dans le passé.

Ma mémoire se chargeait de toute façon de faire le tri. Elle était devenue sélective. Bref, j'étais presque redevenue normale pour quiconque me croisait dans un cocktail ou un dîner. L'écho des chuchotements qui disaient : « C'est la fille Sardou, celle qui s'est fait violer » s'était dissous dans le brouhaha de la ville.

En fait, les moments les plus difficiles, ceux qui me rappelaient mon drame, se dévoilaient lorsque l'actualité comportait des crimes aussi tragiques que celui dont j'avais été victime. Et je ne pouvais échapper à ces tragédies ; elles faisaient partie intégrante de mon métier.

Parmi ces affaires qui me faisaient l'effet d'une lame de couteau pénétrant ma chair, il y avait celle du tueur de l'est parisien.

À l'époque où cette affaire faisait la une des journaux, mes agresseurs n'étaient pas encore arrêtés et je craignais qu'ils recommencent. Mon cerveau m'envoyait des images d'horreur sans que je puisse le contrôler.

En avril 2001, je me suis rendue au procès du tueur en série. Je voulais comprendre et peut-être aussi exorciser mes peurs. De toute façon, je n'avais pas le choix, c'était mon boulot. J'espérais découvrir un type ordinaire dans le box.

Si l'on se base sur le physique de Francis Heaulme ou encore de Michel Fourniret, on ne peut qu'être surpris de leur banalité. Ces hommes passeraient incognito dans la foule. En fait, je n'ai vu qu'une bête à l'œil noir et j'en ai frissonné. L'accusé fanfaronnait sur son banc. Son regard cherchait le contact dans les rangs des journalistes ou même dans la salle. C'est tout juste s'il ne souriait pas.

À la sortie du tribunal, j'ai pensé aux victimes. J'ai même pleuré, incapable de retenir les spasmes qui me submergeaient. Je pensais au sort qu'il leur avait réservé. Mon Dieu, me dis-je, et moi qui suis en vie ! Une fois remise de mes émotions, je me rendis compte à quel point cette expérience avait été pénible.

Peu de temps après ce procès, les trois « miens » étaient enfin interpellés. Et je respirais. Je n'étais pas pour autant sortie d'affaire. Mes supérieurs se rendaient bien compte que j'avais beaucoup de difficulté à traiter l'information quotidienne et ils cherchèrent une solution. En attendant, je devais faire avec. Je devais essayer de me détacher, prendre du recul. Facile à dire !
Le soir, quand je rentrais après une journée au cours de laquelle j'avais été confrontée à la laideur du monde, je me réfugiais chez moi, je me blottissais comme une gamine épeurée, je restais apathique devant la télévision et je ne réussissais pas à avaler la moindre nourriture. Je sursautais au moindre bruit suspect. Je vivais mes cauchemars tout éveillée.

Avant l'agression, je n'étais pas peureuse. J'étais du genre exploratrice, plutôt courageuse. Je n'hésitais pas à me lancer, à aller au-devant des gens.
J'étais même assez culottée. Je revoyais souvent cette scène lorsque j'étais venue à Paris quelques années plus tôt, en provenance de Lyon, et que j'avais entrepris d'entrer dans tous les restaurants qui étaient sur mon chemin pour trouver un travail. J'osais ! Je souriais à la vie. Rien ne m'inquiétait vraiment.

Les temps avaient bien changé. Mon âme n'était plus la même. Et je devais me rendre à l'évidence : elle ne le serait jamais plus.

Les dégâts étaient encore bien présents. Quand une maison est en ruine, on la reconstruit et ça sent la peinture fraîche pendant quelques semaines. On se réhabitue, on la décore selon nos goûts. Là, il ne s'agissait pas de rebâtir une maison… Ça ne sentait pas la peinture fraîche.

16

Soigner le corps et l'esprit

Ma santé était toujours fragile. Si mon corps allait plutôt bien à part une fatigue chronique et persistante, on m'avait diagnostiqué un trouble de stress post-traumatique, ce qui expliquait mes insomnies, mes humeurs oscillantes, mes cauchemars et tous les autres symptômes.

Il fallait bien mettre un nom sur le mal. Je n'étais pas une exception. Le trouble de stress post-traumatique (TSPT) est une réaction normale après ce que j'avais vécu. L'ennui, c'est que cela m'empêchait de mener une vie normale.

Mon médecin tenta de me rassurer en m'expliquant que ce serait long, mais que je finirais par m'en sortir. Il me donna des précisions sur ce que je vivais. Rien d'anormal aux cauchemars, rien d'anormal aux insomnies, rien d'anormal aux craintes et aux peurs, rien d'anormal au manque de concentration, rien d'anormal aux sentiments de détresse… Rien d'anormal ! J'étais donc normale ?

Le trouble de stress post-traumatique est en fait une réaction, une sorte de réflexe et une programmation erronée de l'esprit suite à un choc.

Parfait ! Mais cela ne m'avançait pas à grand-chose. Que peut-on faire pour réparer l'esprit ? Combien de temps cela allait-il prendre ? Était-ce seulement réparable ? Je découvrais les causes de mon TSPT de la bouche de mon thérapeute.

— Comme tout être humain, vos capacités d'adaptation sont limitées. Elles ont été débordées au moment de l'agression que vous avez subie. Vous avez vécu une peur intense et un sentiment d'impuissance face à la situation. Vous avez développé des séquelles psychologiques graves. Ces séquelles se traduisent aujourd'hui par des souvenirs récurrents que vous ne maîtrisez pas. Ces souvenirs gouvernent votre vie, et nous allons travailler pour que vous puissiez reprendre le contrôle de votre destin.

Voilà. Tout paraissait simple sur le papier. Dans la vie réelle, c'était une autre histoire. Ce que je ne savais pas encore, c'est que ces souvenirs étaient déclenchés par différents types de situations et que, lorsque vous leur fermez la porte, elles entrent par la fenêtre ou, comme le père Noël, par la cheminée !

J'étais un cas sérieux et je le savais. Je traversais pourtant parfois de longues périodes sans que le TSPT se manifeste. Des moments de répit rares, au cours desquels j'espérais voir enfin le bout du tunnel.

Puis la rechute arrivait sans crier gare ! Et je replongeais dans les images d'horreur, les rêves les plus terribles, le manque total de confiance en moi ou encore une vision dégradée de ma propre personne.

On m'avait prescrit des antipsychotiques pour m'aider à gérer les troubles et je les prenais sans me poser de questions. Les médicaments ne vous mèneront malheureusement pas vers la guérison.

D'ailleurs, au risque de vous décourager, le mot « guérison » ne s'applique pas pour ceux et celles qui sont atteints de TSPT. Les médicaments apportent une aide chimique et atténuent les symptômes. Ils offrent une fragile stabilité. Dans certains cas, il peut arriver qu'ils n'apportent aucune aide. Le TSPT peut tout de même être soigné, mais par la voie psychologique.

Pour mieux comprendre la manière dont on peut gérer le trouble de stress post-traumatique, il est préférable d'en connaître les mécanismes. Comme mon médecin me l'a si clairement indiqué, j'avais subi un tel choc et mon cerveau a dû faire face à un tel drame que mes capacités d'adaptation ont été totalement dépassées.

Nous sommes tous munis de défenses psychologiques qui nous permettent de traverser les épreuves de la vie, les défaites, les déceptions. Si l'ampleur de l'événement dépasse ce pour quoi nous sommes programmés, le cerveau panique et enregistre des images qu'il ne peut plus comprendre.

Cette sensibilité aux événements n'est pas la même pour tous, mais nous possédons tous des limites. Un sujet peut très mal gérer une rupture amoureuse tandis que, pour d'autres, il en faudra bien plus. J'ai longuement réfléchi à ce mécanisme et, ayant suivi plusieurs méthodes pour gérer mes émotions, j'ai fini par en déduire que le TSPT intervient généralement quand l'événement débouche sur une remise en question totale de nos convictions et de nos valeurs.

Si je reprends l'exemple de celui ou celle qui supporte mal une rupture, c'est parce que sa relation représentait sans doute le centre de sa vie. Le sujet va perdre tout repère, va craindre de ne pouvoir survivre à sa peine et ne se voit de toute façon pas vivre sans l'autre. Toute son existence est remise en question.

La plupart du temps, heureusement, cela se traduit par une simple dépression limitée dans le temps. Mais, dans certains cas extrêmes, cela débouche sur un traumatisme qui peut prendre une dimension telle que le sujet va rester marqué pour le restant de ses jours.

J'ai vécu pour ma part une agression particulièrement violente très difficile à gérer émotionnellement parlant. Cela aurait pu se limiter au viol.

Mais, en plus de cette épreuve, pendant trois heures, mes agresseurs m'ont dit que j'allais mourir et ne semblaient pas savoir eux-mêmes ce qu'ils voulaient faire de moi en me promettant différents types de scénarios.

J'allais peut-être finir explosée dans ma voiture, j'allais peut-être finir égorgée ou poignardée, et l'idée de m'enfermer dans ma voiture et d'y mettre le feu a même été envisagée. Sans compter que j'allais peut-être aussi être le jouet d'une trentaine de prédateurs si je n'obtempérais pas.

Cette possibilité d'une mort proche m'a profondément marquée. Je me suis vue sans vie et, durant les faits, j'ai imaginé le pire. J'ai vu des images de mon corps brûlé, poignardé, égorgé. Il s'agit d'une torture psychologique telle qu'elle a supplanté le viol lui-même.

Je voulais avant tout survivre. Ne pas mourir. Cette « promesse » que l'on m'a faite pour me soumettre est restée marquée au fer rouge. Les mots qui ont été prononcés sont écrits en lettres de sang dans ma mémoire et il ne faut pas être psychothérapeute pour comprendre qu'ils sont un élément majeur de mon TSPT.

Voilà pour la mécanique ! Le trouble de stress post-traumatique n'est donc pas une pathologie. On ne le soigne pas avec des antibiotiques ni avec un vaccin, et je ne le souhaite à personne, mais tout le monde pourrait un jour y être confronté.

Les symptômes du TSPT n'apparaissent pas forcément tout de suite après l'événement. Le cerveau est alors si embrumé qu'il serait bien difficile de déterminer avec certitude si vous allez devoir faire face à une blessure profonde de votre état psychologique.

Il se passe tellement de choses dans les premiers jours et les premières semaines ! L'esprit est habité d'une nuée de reflux et de malaises. Cela ne veut pas forcément dire que vous allez devoir vous battre contre vous-même, car, sortir d'un TSPT équivaut à un combat contre son subconscient. Si après plus d'un an vous êtes habité(e) de cauchemars et de peurs incontrôlées, il y a de fortes chances pour que vous soyez aux prises avec un trouble de stress post-traumatique.

J'ai été très rapidement suivie par un psychiatre après mon agression.

Cela m'a aidée, mais ne m'a pas évité de sombrer ensuite encore plus profondément. Grâce à un suivi rapide, immédiatement après l'événement, beaucoup éviteront le TSPT. Je n'ai pas eu cette chance. Peut-être était-ce dû au fait que je n'ai pas accepté ma situation. Je me battais pour essayer d'enterrer les images dans un coin inaccessible de ma mémoire et c'était peine perdue.

Chercher à éluder, c'est une forme de déni. Cela pourrait être une des explications qui m'a menée droit au TSPT. La communauté médicale s'entend d'ailleurs pour dire que la non-acceptation de l'événement et de son état est un des paramètres déterminants menant au TSPT.

En plus de la médication, on m'a donc proposé diverses méthodes thérapeutiques. Des méthodes destinées à m'apprendre à contrôler les éléments déclencheurs de mes peurs.

Cela devait m'aider à anticiper, à comprendre et à gérer les déclencheurs dans ma vie quotidienne, de telle manière que l'intensité de ces déclencheurs et leurs capacités déstabilisatrices s'atténuent avec le temps. Je devais commencer par reconnaître et accepter la réalité des événements douloureux. Facile à dire !

Une autre de ces thérapies consistait à m'aider à identifier les tensions présentes de la vie quotidienne de mon drame pour éviter l'amalgame des souffrances. En gros, il s'agissait de faire du tri entre les éventuels traumatismes antérieurs à l'agression, ceux reliés au drame et ceux qui sont ultérieurs et qui n'ont donc rien à voir avec ce soir de Noël.

Avec du recul, tout ceci paraît logique, mais de là à l'appliquer, cela prendrait des mois, voire des années. Et surtout un travail intensif et sans relâche.

Mon thérapeute m'avait indiqué les objectifs à atteindre. Selon lui, il était question de favoriser l'expression libre, fluide et sécuritaire de mes sentiments. Il m'expliqua qu'un drame aussi intense que celui auquel j'avais été confrontée déclenchait presque automatiquement un blocage de l'expression des sentiments.

Il me parla de soulager mes symptômes et mes comportements post-traumatiques les plus dérangeants, ce qui ferait l'objet d'une analyse de ces symptômes.

D'autres éléments allaient aussi être travaillés : restaurer mon sentiment de maîtrise de ma vie, me débarrasser de mon sentiment de culpabilité, retrouver ma confiance en moi et dans mon avenir, me détacher du drame en en parlant pour atténuer les cicatrices et essayer de l'intégrer à mon histoire.

Dans un premier temps, j'entrepris un travail par la méditation. La méditation, paraît-il, est le meilleur des antistress, et je considérais cette méthode comme un moyen doux et sans trop de contraintes pour tenter d'avancer.

De plus, on peut parfaitement entreprendre des séances de méditation seul, sans avoir l'obligation de se rendre dans le cabinet d'un thérapeute.

Je n'ai pas été très assidue dans cet exercice. Peut-être n'étais-je pas encore prête. La méditation est une thérapie active, je veux dire par là que l'on doit tout de même s'impliquer pour obtenir des résultats.

On doit surtout apprendre à regarder les choses en face : sa vie, son drame, ce qui en résulte... J'aurais sans doute dû commencer par une démarche différente impliquant un ou une thérapeute dans une méthode qui m'aurait permis de m'appuyer sur un travail où je serais guidée.

Plus tard, j'ai renoué avec la méditation avec plus de succès. J'en déduis que la méditation est une méthode complémentaire qui ne doit pas être considérée comme thérapie principale.

Toutefois, je découvris quelques indices qui me permirent d'explorer de nouvelles voies. J'adoptai une nouvelle hygiène de vie et je mis en pratique quelques astuces qui me soulagèrent au quotidien : respirer par le ventre, pratiquer la marche pour entretenir ma respiration et la développer, retrouver mes sources de plaisir et en profiter sans culpabiliser, prendre du temps pour moi, aller à la rencontre des personnes positives dans mon entourage familial et professionnel, rire, me divertir... Cela peut paraître banal pour le commun des mortels, mais chacun de ces exercices me donnait de l'énergie.

Pour avancer plus rapidement, on me proposa de suivre une nouvelle méthode de travail qui, au premier abord, peut sembler extravagante, mais qui s'avéra très efficace dans mon cheminement : l'EDMR (*eye movement desensitization and reprocessing*) ou désensibilisation et reprogrammation par mouvement des yeux.

Mise au point à la fin des années 1980, l'EDMR suscita un immense intérêt dans le milieu médical et fut d'ailleurs reconnue comme efficace pour le traitement des syndromes post-traumatiques par l'INSERM dès 2004.

Pourquoi pas ? Il s'agissait de faire des exercices oculaires et j'avoue que, dans un premier temps, j'ai été très sceptique. C'est donc un peu dubitative que je me rendis à ma première séance.

Mon thérapeute prit le temps de m'expliquer les choses en détail, m'indiquant que le simple fait de parler d'un traumatisme ne serait pas suffisant. L'EMDR créerait un protocole sécurisant pour m'accompagner dans mon rappel du drame ayant causé le traumatisme. L'exercice ne se limiterait pas seulement au registre verbal, mais engagerait plusieurs registres : perceptions, pensées, émotions, sensations corporelles…

Paule Mongeau, psychothérapeute, estime que cette méthode est très prometteuse. Selon elle, L'EMDR est plus une technique appliquée à l'intérieur d'une série de rencontres psychothérapeutiques. Elle est devenue une approche d'intervention.

Elle ajoute qu'il n'y a pas que les grands traumatismes qui nous affectent. Les petits traumatismes de l'enfance tels que des humiliations, le harcèlement, les sentiments d'abandon ou de rejet, les brimades à répétition peuvent aussi être traités avec l'EDMR. Le principe fondamental permettrait de désensibiliser le sujet face à un événement perturbateur en reprogrammant la manière dont le cerveau a enregistré le choc émotionnel. Le sujet est encouragé à suivre les associations mentales qui se font naturellement pendant l'exercice.

Ces associations progressives sont au cœur du traitement et permettent au cerveau de réinterpréter à la lumière de notre situation actuelle une terreur alors insaisissable. Par exemple, en ramenant à la conscience des événements oubliés ou si traumatisants qu'ils ont mal été interprétés par le cerveau, ce qui génère un stress physique lors d'un appel amnésique.

Tous les exercices que j'ai suivis m'ont beaucoup aidée. Ils m'ont permis une certaine progression que j'ai interprétée comme une guérison.

Cela m'a conduite à espérer plus que de raison et à me dire que je pourrais bientôt reprendre le cours de ma vie d'avant. Ce fut une grave erreur. On ne reprend jamais le cours de sa vie là où elle s'est arrêtée.

Ajoutons à cela de belles perspectives professionnelles, la chaîne de télévision m'ayant enfin proposé de me retirer des faits divers pour m'occuper d'un domaine qui me semblait bien plus intéressant (le monde du spectacle et du cinéma), et je me croyais définitivement sortie d'affaire.

En fait, j'ai compris plus tard qu'une thérapie n'offrait un résultat probant que dans le temps. Le trouble de stress post-traumatique est un état très perturbateur qui demande une prise en charge complète jusqu'à l'obtention de résultats durables.

Il existe d'autres pistes pour atténuer les effets du TSPT. L'hypnose, la ludothérapie (thérapie par le jeu) sont des pistes à explorer. Je ne pense pas qu'une méthode soit plus efficace qu'une autre.

Chacun trouvera celle qui lui convient le mieux. Parfois, il sera nécessaire d'en conjuguer plusieurs. En fait, il n'existe aucune science exacte pour vous aider. Vous devrez avancer à tâtons et vous laisser guider.

Je pense que le thérapeute a également un rôle très important à jouer. Se prêter à une thérapie, c'est s'en remettre à un être humain qui va vous guider. Une relation de confiance doit s'instaurer. Si vous ne vous sentez pas à l'aise avec votre thérapeute, prenez-en un autre !

Le trouble de stress post-traumatique pourrait être annihilé ou atténué si une prise en charge spécialisée était assurée immédiatement après le drame.

En France, en 1999, la prise en charge des victimes était très limitée. On vous envoyait voir un psychothérapeute ou un psychiatre, et ça s'arrêtait là. Aujourd'hui, les choses ont tendance à vouloir changer.

Au début de l'année 2014, le gouvernement français a lancé des travaux pour simplifier le parcours des victimes de viol ou d'agression sexuelle, notamment grâce à un « kit d'urgence ». Le comité de pilotage, dont la tâche est de concevoir le protocole de prise en charge des victimes et les kits destinés aux médecins, s'est réuni pour la première fois le 10 janvier, en vue d'une expérimentation à Paris et dans un autre département dès le printemps.

Le kit d'urgence est composé d'une boîte contenant un test anti-VIH, un traitement contraceptif, un appareil photo pour matérialiser les preuves, une liste d'adresses de médecin. La procédure prévue par le quatrième plan de prévention et de lutte contre les violences faites aux femmes, lancé en novembre 2013, regroupe des actions plus larges. Elle a pour but de favoriser le dépôt de plaintes par les victimes, de simplifier leur parcours dans les services médicaux et judiciaires et d'améliorer l'offre de soins post-traumatiques.

Au Canada et aux États-Unis, les victimes directes et indirectes sont immédiatement traitées en urgence par des institutions sociales appropriées. Que vous soyez victime ou témoin d'une fusillade ou d'un fait divers ou de violence familiale ou, comme pour moi, d'une agression sexuelle, il suffit d'un appel téléphonique au 911 et la police arrive. Elle fait alors son constat et vous dirige vers les services appropriés.

Les pays d'Amérique du Nord prennent le TSPT très au sérieux. Le Centre d'aide aux victimes d'actes criminels (CAVAC), au Québec, offre des services de première ligne gratuits et confidentiels aux victimes.

Cette aide propose aussi bien une intervention post-traumatique permettant d'évaluer les besoins et les ressources de la personne victime d'un acte criminel qu'un accompagnement en dispensant de l'information sur les droits et les recours de la victime d'un acte criminel (grandes étapes du processus judiciaire, programme d'indemnisation des victimes ou indemnités auxquelles elle peut avoir droit).

Le personnel du CAVAC offre une assistance technique nécessaire pour que la victime puisse remplir différents formulaires, de façon à être en mesure de respecter les formalités inhérentes à sa situation.

Il accompagne la victime dans ses démarches auprès des ressources médicales et communautaires, et l'accompagne dans l'appareil judiciaire pendant tout le cheminement du dossier. Enfin, il oriente la victime vers des services spécialisés tels que les ressources juridiques, médicales, sociales et communautaires capables de l'aider à résoudre les problèmes qu'elle doit affronter.

Ce système de prise en charge est remarquable. Il permet, grâce à cet accompagnement de tous les instants, de limiter les éventuels troubles de stress post-traumatique.

Surtout, il s'adresse à toutes les victimes de tous les actes criminels, pas seulement les plus graves aux yeux de la justice. Un simple vol de téléphone sous la menace d'un couteau peut être à l'origine d'un TSPT et modifier totalement le cours d'une vie.

En conclusion, je dirais que, même si une victime ne ressent pas les symptômes de TSPT immédiatement après un drame, elle n'est pas pour autant sauvée. Ces symptômes peuvent apparaître des mois, voire des années plus tard. Dès l'apparition des premiers signes, il est important de demander de l'aide auprès d'un thérapeute pour ne pas s'enliser dans un état insupportable.

Je ne serais pas surprise si l'on m'affirmait que certains sujets du TSPT ignorent leur situation. Il ne faut pas prendre à la légère les signes indicateurs. Refusez de penser que ce n'est que passager ou que vos angoisses sont normales.

Elles peuvent être combattues en identifiant leur origine et en corrigeant la manière dont vous percevez le monde. La seule question à se poser, c'est : « Est-ce que j'étais déjà dans cet état avant le drame ? » Si la réponse est non, consultez un spécialiste.

17

Le mirage

Tout semblait aller bien. Au bureau, c'était la routine. Je continuais à traiter des histoires sordides et c'était peut-être la seule ombre au tableau. Les événements du 11 septembre nous ont tous ébranlés et les discussions ont tourné autour de ça pendant des mois.

Comment oublier ? Les images tournaient en boucle dès que l'on abordait les conséquences des attentats. On recevait une vidéo de Ben Laden, on repassait les images des avions.

On parlait de guerre en Irak ; c'était à cause des attentats. On accusait l'Irak de posséder des armes chimiques ; c'était encore à cause des attentats.

Bref, on en eut à toutes les sauces. Moi qui cherchais à oublier l'agression dont j'avais été victime, qui suivais des thérapies pour contrer mon trouble de stress post-traumatique, je ne m'expliquais pas pour quelle raison on entretenait volontairement le traumatisme ressenti par le monde entier. Le monde occidental s'était-il écroulé ce jour-là ?

Quelques mois après le procès, la chaîne me proposa de partir le temps d'un reportage à l'étranger. Ce devait être pour une courte période. J'ai d'abord été heureuse de constater que mes supérieurs me faisaient encore confiance. Ensuite, j'ai savouré l'objet du reportage : j'allais côtoyer le milieu cinématographique.

On me chargeait d'organiser avec une équipe la soirée des Oscars. C'était très excitant et j'entrevoyais enfin une issue à tous mes problèmes : un emploi stimulant et la possibilité, si l'opération réussissait, de m'éloigner de mon pays.

Finies les craintes de croiser à nouveau mes agresseurs quand ils sortiraient de prison. Fini d'évoluer dans des lieux qui me rappelaient à tout instant le terrible drame du soir de Noël 1999. J'allais tourner une page, changer de chapitre et même lire un nouveau livre !

Ma joie fut de courte durée. Notre arrivée à Hollywood tomba pile au moment où la France avait officiellement annoncé son refus d'un engagement militaire en Irak. Les Français resteraient chez eux !

Je n'avais rien contre cette décision et j'approuvais même cette sagesse. L'ennui, c'est que les Américains prirent aussitôt en grippe tout ce qui était français, et les médias venus faire l'apologie de leur industrie cinématographique n'échappèrent pas à la règle.

Tout était remis en cause. L'ambiance devint lourde, même au sein de l'équipe. Nous ne savions même pas si nous couvririons l'événement.

Dans l'expectative, nous attendîmes. Nous surveillions les dépêches du monde entier qui diffusaient les différentes réactions des chefs d'État.

Pour ne rien arranger, de nouvelles menaces d'attentat planaient sur les États-Unis. Il était même question d'annuler la cérémonie des Oscars. Autant dire que mon moral dégringolait chaque jour un peu plus. J'avais l'impression que l'on me coupait l'herbe sous le pied, qu'il m'était interdit de vivre le bonheur. J'étais même dans une rage folle. Je maudissais la politique, la violence, la guerre.

Nous vivions dans un stress épouvantable. Nous avions des interviews à l'agenda, nous les assurions, mais sans savoir si nos reportages seraient diffusés. Et notre direction nous demandait de continuer selon nos plans au cas où la cérémonie aurait lieu.

Finalement, l'événement a été présenté, mais l'ambiance n'y était pas. J'étais épuisée et tout le plaisir m'avait abandonnée. Les rues d'Hollywood étaient bondées, comme il se doit, mais les policiers étaient plus nombreux que le public !

Une fois les projecteurs éteints et le stress retombé, alors que nous rangions notre matériel et que nous démontions le studio provisoire que nous avions installé, je ressentis un goût très amer. Je fus envahie d'un profond malaise, d'un sentiment de détresse et d'incompréhension.

La violence de quelques hommes avait gâché ce qui devait ressembler pour moi à un conte de fées. J'étais découragée et j'en avais assez de ce travail qui, semblait-il, ne pourrait jamais m'apporter l'épanouissement que j'attendais.

J'avais l'impression que je serais toujours poursuivie par la malchance. Je ne supportais plus cette situation. Je me sentais condamnée à tourner dans un cercle vicieux dont je voulais sortir. J'ai donc pris une décision lourde : j'ai donné ma démission. J'ai négocié mon départ afin de me permettre de voir venir pour au moins un an, le temps de trouver un autre emploi. Je n'ai rien dit à mes proches, ni à personne. J'ai certainement eu tort, je l'admets.

Qu'avais-je vraiment envie de faire maintenant ? Qui étais-je ? Comment retrouver la force d'avancer ?

Finalement, la vie m'ouvrit rapidement d'autres portes. Le hasard m'offrit une opportunité et, cette fois, elle correspondait à mes attentes : je quittai mon costume de journaliste pour endosser celui d'assistante personnelle pour une décoratrice d'intérieur.

En fait, je n'avais aucune idée précise de ce que serait ma mission, mais je fonçai. La femme qui m'employait était gentille et compréhensive. Je me surpris à prendre des initiatives, à viser juste et à retrouver confiance en moi. Cette période fut de courte durée, mais m'a beaucoup apporté.

Si j'avais eu à cette époque la clairvoyance d'aujourd'hui, j'aurais compris que les hauts et les bas étaient les signes avant-coureurs d'une rechute.

Mais je n'y ai prêté aucune attention. Je surfais sur ma vague sans me préoccuper des lendemains. D'autant plus que, dans les semaines suivantes, je pris une autre décision : écrire mon récit et dévoiler toute mon histoire.

L'idée m'avait plusieurs fois effleurée. C'est un simple appel téléphonique qui déclencha cette entreprise. Un appel venu tout droit de mon passé.

Une crise de jalousie injustifiée qui me fit l'effet d'une gifle. Il était temps de remettre les pendules à l'heure, de dévoiler le calvaire qu'avait été mon enfance, de parler du terrible drame de cette nuit de Noël 1999.

On m'avait souvent conseillé d'écrire, on me disait que ce serait thérapeutique, que cela pourrait m'aider à retrouver la sérénité. J'ai aussi pris cette décision pour faire le point sur ma vie, pour me libérer de cette histoire une fois pour toutes.

Je ne savais pas encore ce que ce livre deviendrait, ni même si j'entreprendrais des démarches pour trouver un éditeur. J'écrirais donc avant tout pour moi et advienne que pourra.

18

L'exutoire

J'aurais pu me reposer sur mes lauriers pendant au moins un an grâce à la prime de départ que la chaîne m'avait offerte, mais je refusais d'être oisive. Je conjuguai donc l'écriture de mon livre avec des petits boulots et une vie sociale bien remplie. Je renouai aussi à cette époque avec une vie amoureuse.

J'avais rencontré Skip au cours d'une soirée entre amis. Il était différent des autres. Il dégageait une aura de gentillesse et de simplicité. Nous nouâmes d'abord des rapports amicaux. Nous riions, nous passions de bons moments et puis, un soir de réveillon, nous tombâmes dans les bras l'un de l'autre. Il était si adorable que je pouvais me reposer sur lui ; il m'offrait une épaule solide.

Skip m'a réconciliée avec la tendresse et l'amour. Mon cœur recommençait à vivre et à battre. Cette relation m'a fait du bien et, s'il lit ces lignes, qu'il sache que j'en garde un bon souvenir.

Je passais de longues heures à écrire. Je ne me cachais pas, j'en parlais même autour de moi. Je ne cherchais pas à écrire un best-seller et je ne surveillais donc pas mon style. J'écrivais comme on jette des mots sans autre ambition que celle d'exorciser tous les fantômes qui m'habitaient. Skip m'encourageait. Il voyait cela d'un bon œil. Il ne me harcelait pas pour lire, il me laissait faire, tout simplement. Il avait beaucoup de respect pour moi.

Je ne lui avais rien caché du drame que j'avais vécu et il me consolait dans mes moments de déprime, il compatissait et m'offrait une tendresse bienveillante. Pour ceci aussi, je lui rends hommage.

Il me fallut environ un an pour rédiger ce premier livre. Lorsque j'écrivis le dernier paragraphe, je n'avais toujours pas l'ambition de le faire publier. Je me suis simplement sentie soulagée et je constatais qu'effectivement l'écriture pouvait être un acte thérapeutique.

L'écriture autobiographique vous oblige à plonger dans les abysses de votre âme. Elle vous ramène à vous-même, elle définit les contours de votre itinéraire et vous force à prendre conscience de votre réalité. Nous avons tous tendance à éluder nos pires moments. Vaille que vaille, nous avançons dans notre vie à pas forcés, refusant les pires pour ne garder que le meilleur. Mais la vie n'est pas qu'une succession de bons moments. Elle est aussi ponctuée d'épreuves. Les ignorer est un acte de déni.

Écrire son histoire permet une prise de conscience et donc d'avancer vers une acceptation de son destin. On en revient toujours à cette acceptation sans laquelle nous ne pouvons vivre librement. Essayez donc d'avancer avec un élastique attaché dans votre dos. Vous peineriez, vous devriez engager une énergie bien supérieure à vos propres forces et vous finiriez immanquablement par être ramené(e) à votre point de départ.

Libérez-vous de cet élastique, abandonnez vos chaînes qui vous empoisonnent la vie. Vous en avez le pouvoir et vous êtes d'ailleurs le (la) seul(e) à détenir les clefs de vos entraves. Écrire, c'est oser un constat qui ne ment pas.

Je me félicite de ne pas avoir eu la moindre ambition au moment de l'écriture de ce livre, car cela m'a permis de ne pas tricher, de ne rien avoir à justifier et de ne pas avoir d'obligation de résultat. Cela dit, cette innocence dans mon geste me jouera plus tard un mauvais tour.

J'avais beaucoup parlé de mon livre à Régine, l'une de mes cousines. Elle me demanda si j'étais d'accord pour lui transmettre le manuscrit. Elle serait ma première lectrice. J'avais confiance en elle, je savais qu'elle n'essaierait pas de m'influencer et qu'elle ne porterait aucun jugement négatif sur mon travail.

Après quelques jours, elle m'appela pour me faire part de son avis. Elle était très emballée, m'indiquant que, s'il ne s'agissait pas d'un futur prix Goncourt, ce livre devait tout de même être édité. Elle m'assura que mon style était très correct. C'est cette critique inattendue qui fit germer en moi l'idée de me mettre à la recherche d'un éditeur. Après tout, pourquoi pas ?

Sans sombrer dans l'euphorie et sans la moindre prétention, j'envoyai quelques semaines plus tard une demi-douzaine de manuscrits chez autant de maisons d'édition susceptibles d'être intéressées par mon récit.

C'était mon premier livre et je ne savais pas s'il méritait que l'on se penche réellement dessus. Je ne me sentais pas pour autant l'âme d'un écrivain et je ne fondais aucun espoir démesuré dans cette démarche.

Durant le mois suivant, je ne courus pas jusqu'à la boîte aux lettres avec le cœur emballé et, quand le téléphone sonnait, je ne décrochais pas avec l'espoir que j'allais avoir une proposition mirobolante.

Je continuai à fonctionner normalement. La première réponse me parvint des Éditions du Rocher, qui m'offrirent de signer un contrat sans tarder. Surprise de la rapidité avec laquelle mon manuscrit fut accepté, je pris aussitôt contact avec une avocate qui me proposa ses services.

Dans la foulée, un autre éditeur me fit part de son intérêt : JC Lattès. Mais premier arrivé, premier servi ! J'acceptai l'offre de la maison monégasque.

Mes interlocuteurs semblaient motivés pour mettre mon récit sur le marché et ils étaient prêts à travailler fort pour en faire un succès. Ils mirent immédiatement un correcteur sur le projet pour que le livre soit dans les librairies le plus rapidement possible.

Après trois mois, je reçus les épreuves corrigées. J'avais effectué un travail intensif avec le correcteur de l'éditeur. Il me paraissait sympathique. Je m'en remis à lui. Cependant, je ressentis un petit malaise lorsque je relus le manuscrit. L'esprit n'y était plus vraiment. Je trouvais que l'ensemble avait maintenant pris une tournure sensationnelle et je commençais à redouter l'accueil qui serait réservé à ce livre.

Je ne peux pas dire que des mots aient été ajoutés, ou leur sens détourné, mais l'ensemble me sembla presque étranger, un peu comme si je n'en étais pas l'auteur. J'aurais aimé prendre plus de temps, retravailler certains passages, mais on me le déconseilla, et mon avocate, qui se comportait en agent littéraire, pensait que tout était correct. Elle m'incitait à foncer. Je n'avais parlé de rien à Skip. Il n'avait même pas lu le manuscrit. Toujours aussi attentionné, c'est à cette période qu'il me demanda en mariage. Cette demande me prit de court. Elle me déstabilisa et me fit peur. Ce qui aurait dû être un grand moment de bonheur devint une déception de plus pour lui et pour moi.

Incapable de m'engager, habitée d'une peur panique insurmontable, je refusai catégoriquement de franchir le pas et je rompis. Je ne me comprenais pas vraiment. Il aurait pu devenir un mari idéal, mais je ne me voyais pas avec une bague au doigt.

Après cette rupture, je me réfugiai dans l'isolement le plus complet. Je reléguai mes amis loin de moi, refusai toute sortie et m'enfermai.

Tout allait trop vite et j'avais la sensation de perdre la maîtrise des événements. J'aurais dû être heureuse et sourire, me réjouir de ce succès annoncé, appeler tous mes amis pour leur apprendre la bonne nouvelle. J'aurais dû appeler ma famille et leur dire : « Voilà, je vais publier un livre, ce sera un grand succès. Mon éditeur est confiant. Vous allez être fiers de moi. »

Je n'en fis rien. J'avais peur. Je ne savais pas comment ils prendraient la chose. Je parlais d'eux dans ces pages. Je me livrais. Je m'étais mise à nue comme on le ferait dans un journal intime.

Un journal intime ! Oui, c'était bien cela. Et c'était peut-être ce qui me dérangeait tant. Je ne regrettais pas d'avoir écrit ce livre, mais je redoutais ce que l'on en ferait. Et j'avais raison !

Appelez-moi Li Lou sortit en janvier 2005. Il fit l'effet d'une bombe. Personne n'était au courant de mon drame.

La France entière découvrit que Michel Sardou avait une fille, qu'elle s'était fait violer par trois prédateurs et qu'elle avait vécu une enfance triste.

En quelques jours seulement, je me retrouvai sur le plateau de l'émission la plus populaire du moment, *Tout le monde en parle*, animée par Thierry Ardisson, puis chez Laurent Ruquier, ensuite dans des studios de radio. Sollicitée de toutes parts, je venais d'entrer dans le tourbillon médiatique.

En quelques jours, mon livre prit la tête du palmarès des ventes, devançant même le roman du moment, *Le Code Da Vinci* ! Mon livre ne m'appartenait plus, la presse s'en était emparée. Mon éditeur se frottait les mains en regardant le chiffre des ventes.

J'étais étourdie par tout ce ramdam. Je ne savais plus si ce que je vivais était positif ou négatif. Je voyais passer toutes sortes de critiques. Les uns voyaient là un règlement de compte au sein du clan Sardou parce que je racontais mon enfance. D'autres, qui avaient mieux saisi l'esprit du livre, s'intéressaient plus à mon drame et ne voyaient en rien un livre vengeur.

Mes parents, ma famille, mes amis apprirent l'existence du livre dans la presse. Mon père fut interviewé alors qu'il n'avait même pas encore lu mon récit et y alla d'un commentaire empli de sagesse :

— Quoi que Cynthia ait pu écrire, je ne lui en tiens pas rigueur.

La tourmente ne me lâcha pas pendant plus de six mois. Entre deux interviews, je m'isolais pour tenter de reprendre le dessus. Je comprenais qu'il se passait quelque chose sans pouvoir le contrôler. J'étais partagée entre la joie d'obtenir un écho et la peur que tout cela ne me mène là où je ne voulais pas aller.

J'étais consciente que je ne pouvais rien faire ; il m'était impossible de tout arrêter. Je devais attendre le retour au calme et, en attendant, je me recroquevillais, seule et sans aide. Sans personne avec qui partager ces émotions contradictoires qui m'emportaient dans un tourbillon violent.

Je mesurai à quel point le succès n'est pas synonyme de tranquillité et de sérénité. Il m'arriva d'avoir envie de hurler face à l'interprétation qui était faite de mon livre. Les uns me reprochaient de régler mes comptes sur la place publique, d'autres se régalaient à l'idée de découvrir de la matière à scandale et, malheureusement, bien peu comprirent le sens profond de ce récit.

Environ 100 000 exemplaires de *Appelez-moi Li Lou* furent écoulés en quelques mois. Ce succès ne m'apporta pas le confort matériel que l'on peut imaginer. Entre agent littéraire et avocats, le plus gros de mes droits d'auteur était englouti.

Une partie de moi voulait profiter de ce succès pour rebondir. Enfin, on m'écoutait. Enfin, je pouvais parler sans pudeur. J'étais heureuse de porter l'étendard ensanglanté de toutes les victimes de viol.

L'autre partie de moi regrettait toute cette animation à laquelle je n'étais pas préparée. Chaque fois que je rencontrais une mauvaise interprétation de mon message, j'avais envie de me révolter et de remettre les choses dans le bon ordre.

Lorsque la tempête retomba enfin, j'étais épuisée. Les projecteurs médiatiques s'éteignirent comme ils s'étaient allumés, me laissant seule pour faire l'état des lieux. On se sent un peu comme un lendemain de fête. Tout le monde est parti en laissant traîner des verres en plastique et des assiettes en carton, et il n'y a personne pour vous aider à ramasser tout ça.

L'ordre des choses aurait voulu que je profite pleinement de mon succès sans me poser de questions. Je me sentais pourtant envahie d'un malaise que je ne pouvais expliquer. Je me sentais dépossédée de mon livre.

J'avais la désagréable sensation que, si je n'avais pas été la fille du chanteur populaire qu'était mon père, ce livre serait resté dans l'ombre.

La solitude se fit pesante. J'aurais aimé, à ce moment-là, avoir un ami ou une amie proche avec qui partager. Mon frère Romain m'avait soutenue. Mais je me sentais tout de même perdue au milieu d'une foule qui m'était étrangère.

Je compris plus tard que j'avais fait une belle erreur et que mon innocence avait été en quelque sorte détournée. Je ne peux en vouloir qu'à moi-même. N'avais-je pas approuvé les corrections ? N'avais-je pas moi-même et sans la moindre pression envoyé mon manuscrit aux éditeurs ?

Je n'avais pas anticipé ce que les médias en feraient. Je n'avais pas imaginé que ce livre remporterait un tel succès, mais pas pour la bonne raison. Je commençais à réaliser que ce récit avait surtout été un exutoire pour moi et une belle occasion de vendre du papier pour ceux qui s'en étaient saisis. Ah ! la belle innocence !

Cela dit, j'ai aussi reçu de nombreux témoignages de la part de lecteurs et lectrices qui, plutôt que de me juger, me firent part de leur sympathie. Le cri du cœur que fut *Appelez-moi Li Lou* ne se perdit pas complètement dans le néant.

J'étais maintenant face à mon destin. Un grand vide s'était ouvert. Les espoirs que j'avais nourris en publiant ce livre étaient anéantis.

Il était une bouteille lancée à la mer dans l'espoir qu'il tombe en de bonnes mains. Je ne voulais faire de mal à personne. Je voulais simplement lancer un message d'amour à ma manière. Je voulais offrir ma vérité sans que l'on me juge. J'attendais une réconciliation, mais je m'y étais mal prise. Je n'avais pas choisi le bon canal, mais en existait-il un autre ?

Comment pouvais-je atteindre mon père pour lui dire à quel point il me manquait ? Comment pouvais-je enfin chuchoter au creux de l'oreille de ma mère à quel point sa petite fille avait souffert des brimades d'un beau-père despote ? Comment pouvais-je appeler les miens au secours après mon drame ?

Sans remords par rapport à ce que j'ai écrit, je regrette cependant la manière dont cela a été perçu. Je n'ai pas mesuré l'impact médiatique qui entourerait toute cette histoire. Je ne veux en aucun cas me soustraire à mes responsabilités, mais j'aurais tant aimé que l'on me mette en garde sur les conséquences possibles de ce livre. Si c'était à refaire, je le réécrirais, mais je serais plus exigeante sur la manière dont il serait exploité. Je me préparerais mieux.

Écrire est effectivement une thérapie. Beaucoup de manuscrits de personnes traumatisées restent au fond des tiroirs, et j'ai presque envie de dire que c'est mieux ainsi. Certaines choses doivent rester enfouies dans nos cœurs. Je ne savais pas comment m'y prendre et jamais je n'ai cherché à profiter du nom que je porte.

Cet épisode a finalement été catastrophique pour moi. J'ai été éblouie par la lumière des projecteurs, oubliant presque la tristesse qui m'habitait.

Ce ne fut pas très long avant que la réalité ne se dévoile à nouveau, plus hideuse que jamais, me plongeant dans un état pire que tout. Je ne le savais pas encore, mais j'étais loin d'avoir touché le fond. Véritable écrin dans lequel était emprisonné mon cœur, la détresse se fit ressentir, plus violente encore qu'avant.

Les projecteurs éteints, je constatai que rien n'avait changé. La nuit retombait sur ma vie. Une nuit sombre, froide, humide, une nuit longue comme des siècles. Une nuit dont on n'est même pas sûr de sortir. Une nuit de crime sans savoir si le jour poindra à nouveau. Une nuit comme la dernière, une nuit qui fait plus peur que la peur de mourir. Une nuit qui vous donne envie de mourir…

19

Mon combat

Le succès de mon livre ne m'apporta pas vraiment de réconfort. Il ne me permit pas de trouver ma voie. Je me sentais un peu comme au lendemain du procès de mes agresseurs.

J'avais peut-être fondé trop d'espoirs dans ma démarche. J'avais interprété ce succès comme une reconnaissance générale. En fait, ce livre n'a fait qu'apporter de l'eau au moulin médiatique et, après réflexion, je n'en éprouvai aucune satisfaction.

Dans les mois qui suivirent, j'écumai les salons du livre, j'allai au contact des lecteurs et, d'une manière générale, cela se passait bien.

Parallèlement, je travaillais pour rester active. Je refusais l'oisiveté. Je fonçais et cela me permettait de me sentir vivante. Pourtant, mes forces m'abandonnaient peu à peu et je ne m'en rendais pas compte.

Volontairement ou pas, je m'oubliais. J'accordais plus d'importance aux autres qu'à moi-même. Plus tard, je pus mettre un nom sur ce comportement pour le moins étrange : la codépendance.

J'avais complètement coupé les ponts avec ma famille. Les médias avaient donné à mon livre un aspect sensationnel avec lequel je n'étais pas en accord et qui me plongeait dans un état de malaise face à mon père et à ma mère.

J'ignorais de quelle manière ils avaient perçu ce récit. M'en voulaient-ils ? Me reconnaissaient-ils encore comme leur fille ? Étais-je à leurs yeux devenue une étrangère ? Je me sentais coupable du mal que j'avais éventuellement pu provoquer.

Je décidai donc de foncer encore et encore, tête baissée, une sorte de fuite en avant pour oublier. Je prenais des petits boulots et m'investissais dans des causes qui me semblaient nobles. Je voulais m'occuper des autres, faire avancer la justice, faire reconnaître les victimes. Je m'étais mis en tête de changer le monde.

J'allais d'ailleurs faire une rencontre inattendue avec Jean-Pierre Escarfail, père d'une des victimes du tueur Guy Georges, qui avait fondé l'Association pour la protection contre les agressions et les crimes sexuels (APACS). Je fus bouleversée par son histoire et sa motivation à combattre.

Sans plus réfléchir, je lui offris un soutien inconditionnel. Je m'étais enrôlée pour le même combat. L'association était dynamique et elle était reconnue par les plus hautes instances gouvernementales. À cette époque, on parlait beaucoup du phénomène de la récidive et il semblait y avoir une réelle volonté du gouvernement à le combattre.

Jean-Pierre Escarfail était bien placé pour prendre la tête de l'association. Sa fille, Pascale, fut la première victime du tueur de l'est parisien. Une nuit de janvier 1991, le prédateur commit l'irréparable. Le plus troublant et ce qui bouleversa la France entière, ce fut la découverte des conditions du meurtre. En effet, malgré un lourd passé judiciaire dans lequel on relevait des agressions sexuelles et des tentatives de meurtre, le tueur bénéficiait, lors des faits, d'une semi-liberté. Il dormait en prison, mais était libre le jour.

Un soir, il ne rentra pas et cela n'inquiéta personne. Une semaine plus tard, il réintégrait la prison sans qu'on lui pose la moindre question. C'est pendant cette semaine de janvier 1991 qu'il viola et assassina la pauvre Pascale Escarfail, 19 ans.

Pour mon affaire, durant toute la période de l'enquête, je ne cessais de craindre aussi bien pour ma vie que pour celle d'éventuelles autres victimes de mes prédateurs. L'histoire de Jean-Pierre Escarfail confirmait mes craintes. Elle réveilla en moi une profonde colère.

Cette colère devint le moteur de mon engagement auprès du père de Pascale. Plus jamais ça ! Je voulais que les criminels paient, mais aussi et surtout que la société soit plus alerte et qu'elle empêche les meurtriers de sévir quand c'était possible.

Guy Georges était le parfait exemple du laisser-aller de notre système. Il était le symbole d'une apathie générale. Je ne veux pas faire l'apologie de la carrière de Guy Georges, ce serait lui donner de l'importance et, aujourd'hui encore, j'ai un peu de mal à prononcer ou écrire ce nom sans ressentir un violent malaise. Mais les signes avant-coureurs furent si nombreux qu'il sera à mes yeux toujours difficile de comprendre comment un aussi terrible criminel a pu rester en liberté.

Pour le commun des mortels, il s'agit simplement d'une défaillance de notre société. Parce qu'il n'y a rien de plus terrible que les crimes, on aura toujours tendance à se désintéresser des erreurs monumentales commises par notre beau système judiciaire. Pour ceux qui ne mesurent pas la gravité de ce laisser-aller, reprenons les grandes lignes de cette histoire hallucinante.

En novembre 1981, Guy Georges agresse Nathalie L., 18 ans, enceinte, dans le sous-sol de son immeuble. Il entre avec elle dans l'ascenseur et la poignarde. Il la traîne ensuite dans un recoin du sous-sol. Il la frappe une troisième fois au ventre. Les supplications de la jeune femme n'y font rien, il la viole. La croyant morte, il s'enfuit avec son sac. Or la victime survit et alerte les secours. En 1988, Guy Georges est arrêté et est reconnu par Nathalie L. L'enquête fut menée pour un simple vol avec violences. Elle ne donna rien, et l'affaire fut classée sans suite.

En février 1982, Guy Georges fut arrêté dans le cadre d'une affaire de vol et condamné à cinq mois de prison.

Peu de temps après sa sortie, il remet le couvert. Il agresse Violette K. qui rentrait chez elle, dans le XVIe arrondissement. Il se jette sur elle et, sous la menace d'un couteau, la pousse sous un porche. Il tente de la violer, la frappe avec son couteau par deux fois, puis commence à l'étrangler. Violette K. réussit pourtant à se libérer. Elle crie et attire l'attention d'un gardien de sécurité, qui lance son chien sur l'agresseur. Guy Georges s'enfuit, mais le chien lui arrache sa sacoche qui contenait son billet de sortie de Fleury-Mérogis. Vingt jours plus tard, Guy Georges est arrêté et est condamné à 18 mois d'emprisonnement pour attentat à la pudeur commis avec violence.

En février 1984, il obtient une permission de sortie pour bonne conduite. Le soir même, il se glisse dans un parking. Pascale N., une étudiante de 22 ans, tombe nez à nez avec lui. Il l'agresse à la pointe d'un couteau et la frappe à la gorge. Il la force à passer à l'arrière, mais elle parvient à s'enfuir. Coup de chance, une voiture entre dans le parking et Guy Georges disparaît. Grâce à son signalement, la police l'arrête. Il est condamné à 10 ans de réclusion pour viol commis sous la menace d'une arme.

Le 8 janvier 1991, il bénéficie d'un régime de semi-liberté, c'est-à-dire qu'il est libre le jour et doit dormir en prison. Dix jours plus tard, il s'évapore dans la nature. Il ne réintègre pas sa cellule.

Dans la nuit du 24 au 25 janvier 1991, c'est le drame. Pascale Escarfail, 19 ans, est violée et assassinée chez elle. Ce fut le premier meurtre du tueur de l'est parisien. Le 17 février, Guy Georges se constitue prisonnier. On le réincarcère à la prison de Caen sans se préoccuper de son emploi du temps pendant l'évasion !

Il fut libéré le 4 avril 1992, alors qu'il n'avait pas complètement purgé ses 10 années de détention.

Dix-huit jours après sa sortie de prison, le 22 avril 1992, il repasse à l'action. Éléonore P., étudiante, est agressée alors qu'elle se rendait vers minuit chez son ami. Dans l'entrée de l'immeuble, Guy Georges, armé d'un couteau, se jette sur elle. La jeune femme hurle. Il s'allonge sur elle, lève son couteau, mais une lumière s'allume. Des voisins, alertés par les cris, appellent la police et se portent à son secours. Guy Georges est rattrapé, arrêté et condamné à cinq ans, dont trois avec sursis. La justice ne reconnut pas le caractère sexuel de l'agression, empêchant un rapprochement avec d'autres affaires de viol.

Le 5 novembre 1993, on le libère.

Le 7 janvier 1994, Catherine R., 27 ans, est retrouvée morte dans un parking. Elle avait été violée avant d'être poignardée. Le crime recelait tous les indices propres aux méthodes de Guy Georges.

Le 13 janvier 1994, six jours après la mort de Catherine R., il agresse Annie L., animatrice radio, qui rentrait tard chez elle. Il la menace de son couteau, lui demande son sac et la force à pratiquer une fellation. Grâce à son sang-froid, elle réussit à se réfugier dans son appartement. Dépité et furieux, Guy Georges s'enfuit. Annie L. appelle la police, mais l'agresseur s'était évanoui dans la nuit.

Elsa B., 22 ans, fut violée et assassinée à coups de couteau le 8 novembre 1994 dans sa voiture stationnée dans un parking souterrain. Elle fut découverte par son frère à l'arrière de son véhicule, et les similitudes avec le meurtre de Catherine R. ne permirent pas un recoupement des affaires.

Un mois plus tard, dans la nuit du 9 au 10 décembre 1994, Agnès N., une Hollandaise de 33 ans, est violée et égorgée dans son appartement. Là encore, la signature du tueur aurait dû aiguiller les enquêteurs.

Hélène F., 27 ans, est la suivante sur la liste. Elle est violée et tuée à coups de couteau le 8 juillet 1995 dans son appartement. On retrouve des traces d'ADN sur les lieux qui correspondent à celles prélevées dans l'appartement d'Agnès N. Cette empreinte génétique correspond également à une autre agression qui a eu lieu en juin. La victime, Élizabeth O., avait réussi à faire fuir son assaillant.

Le 25 août suivant, Guy Georges agresse Mélanie B., 20 ans. Il la force à ouvrir la porte de son appartement sans se douter qu'à l'intérieur, le petit ami de sa victime regarde tranquillement la télévision. Lorsqu'il se rend compte de sa présence, le tueur prend la fuite et laisse tomber son portefeuille avec ses papiers d'identité. Mélanie B. et son compagnon apportent le portefeuille au commissariat et déposent une plainte. Le lendemain, il se rend au commissariat pour déclarer la perte de ses papiers.

Il faudra attendre le 9 septembre pour que la police arrête Guy Georges qui prétend être étranger à l'agression. Malheureusement pour lui, Mélanie B. l'identifie comme étant son agresseur. Le tueur est condamné à 30 mois de prison pour vol. Mieux encore, le sursis de 1992 n'est pas révoqué parce que personne n'eut l'idée d'en faire la demande.

Nul ne fait aucun lien avec les meurtres et agressions des derniers mois. La police scientifique française ne possédant pas de base de données qui regroupe les empreintes ADN des criminels, aucun comparatif ne put être effectué.

Guy Georges est une fois de plus libéré le 6 juin 1997.

Le 2 juillet 1997, à peine un mois après sa sortie, il agresse Estelle F., 24 ans. Suivant le même modus operandi, il suit sa victime à l'intérieur de son immeuble, la plaque contre un mur et la menace avec un couteau. Estelle F. hurle, des gens accourent, et l'agresseur prend la fuite. Malgré la description précise de l'homme, la police ne fait pas de rapprochement. L'affaire est classée sans suite.

Magali S., étudiante de 19 ans, est retrouvée violée et assassinée le 23 septembre 1997 dans son appartement. Le fiancé de la victime découvre son corps en rentrant du travail. Aucune trace d'ADN n'est retrouvée, mais la police relève une empreinte digitale correspondant à une autre relevée sur le lieu de l'un des meurtres commis deux ans plus tôt.

Le 28 octobre 1997, Valérie L., responsable commerciale de 25 ans, est agressée au couteau dans l'escalier de son immeuble. Bien décidée à ne pas se laisser faire, elle hurle de toutes ses forces et fait fuir Guy Georges Comme pour Estelle F., les policiers ne firent pas réellement d'enquête sur cette agression.

Le 15 novembre 1997, Estelle M., 25 ans, est violée et assassinée dans son appartement. Scénario habituel : elle rentrait chez elle vers 3 heures du matin après une soirée entre amis. Un homme la suit, l'intercepte, la menace d'un couteau et force l'entrée de l'appartement. Estelle M. est attachée et ses vêtements sont lacérés. Son corps fut retrouvé deux jours plus tard, par ses parents, inquiets de ne pas avoir de nouvelles. L'agresseur a laissé derrière lui une empreinte génétique sur un sweat-shirt.

C'est cette affaire qui déclencha une tempête médiatique. Sous la pression des médias et des familles de victimes, le juge d'instruction chargé des affaires fit enfin procéder à des comparatifs d'ADN entre les différentes scènes de crime ainsi qu'à des comparaisons de modus operandi qui permirent d'établir que Paris était sous la coupe d'un tueur en série.

Les grands moyens étaient enfin mis en œuvre, mais sans véritable succès. Le portrait-robot établi lors d'une agression perpétrée quelques années plus tôt et sur les lieux de laquelle on avait décelé des traces ADN correspondantes fut diffusé. Malheureusement, ce portrait, jugé peu fiable par le juge d'instruction, fut modifié avant d'être transmis aux médias. Cela déboucha sur des milliers de témoignages sans suite.

En janvier 1998, Guy Georges se manifesta au travers de petits larcins : vol de scooter, bagarres, vols à l'étalage… Il est arrêté à plusieurs reprises. On le photographie, puis on le libère.

Si le juge d'instruction chargé des affaires a commis plusieurs erreurs, il finit par forcer le système judiciaire à effectuer un grand pas en avant. Comprenant l'ampleur du problème, il demanda à tous les laboratoires français d'effectuer des comparaisons d'ADN entre les échantillons relevés sur les scènes de crime et les empreintes dont disposaient les laboratoires dans leurs archives. Faute de base de données centralisée, il s'agissait d'une tâche titanesque.

Ce ne fut pourtant pas l'étendue du travail qui motiva le refus de certains laboratoires, mais plutôt la législation qui n'autorisait pas ces comparatifs.

Le juge Thiel fit donc pression sur les réfractaires en leur indiquant qu'ils devraient motiver leur refus par écrit et que ces lettres de refus seraient transmises aux médias et aux familles des victimes.

Bon gré, mal gré, les laboratoires obtempérèrent et, le 23 mars 1998, à 19 h, le laboratoire de Nantes mit enfin un nom sur les indices : Guy Georges. D'importants moyens furent mis en œuvre pour retrouver le prédateur. Il fut arrêté le lendemain.

Je passerai sur les dysfonctionnements de l'appareil judiciaire après cette arrestation. Je ne m'éterniserai pas sur l'entêtement de certains juges à vouloir conserver une partie du dossier alors qu'il était évident que, si un seul juge était désigné, cela accélérerait les procédures.

Si je parle de ce dossier en particulier, c'est pour plusieurs raisons. D'abord, les faits se sont déroulés sensiblement à la même époque que mon agression.

De nombreux points communs sont mis en lumière : un couteau, des menaces, un viol, une séquestration, un parking d'immeuble... Comment pouvais-je ne pas me sentir submergée par l'horreur et être hantée par les images terribles ?

Cette affaire est un véritable archétype de ce que la justice peut offrir de pire. Comment expliquer qu'un criminel puisse, pendant des années, déjouer la police, tuer, violer, agresser ? Combien de vies auront été perdues ? Combien de souffrances, de douleurs pour celles qui ont survécu ?

Le juge Thiel a commis des erreurs, mais a su réagir et finalement bousculer un système enrayé pour qu'enfin le prédateur soit identifié et arrêté. Combien de temps aurait-il fallu encore pour neutraliser le criminel si le juge Thiel n'avait pas forcé la main des laboratoires ? Combien de victimes encore aurait-il fallu pour que les scientifiques daignent effectuer les comparaisons ?

L'affaire Guy Georges a réveillé les consciences. Elle a provoqué un véritable séisme et a poussé une institution vieillotte à se reprendre en main. J'admire beaucoup Jean-Pierre Escarfail, qui, sans colère et sans état d'âme, mène toujours aujourd'hui un combat pour faire avancer les choses. J'ai voulu m'impliquer lorsque l'Association pour la protection contre les agressions et les crimes sexuels a été reçue, avec d'autres associations de victimes, par le gouvernement sur la question de la rétention de sûreté. Je pensais avoir un rôle à jouer en tant que victime. Je pensais que l'on m'écouterait et que je pourrais contribuer à une amélioration du traitement des victimes ainsi qu'à une prise en charge plus sérieuse des criminels récidivistes.

Je me suis battue contre des moulins. J'étais pourtant de bonne foi, et mes intentions étaient louables. Dernièrement, j'ai découvert à quel point ce combat était utopique en apprenant que la photo de Jean-Pierre Escarfail avait été épinglée sur « le mur des cons » (véritable mur de la honte) dans les locaux du Syndicat de la magistrature. Cet affichage inadmissible m'a peinée. Il démontre que les mœurs de certains magistrats sont bien loin d'une justice à visage humain.

Je parlais de la codépendance au début de ce chapitre. Ce phénomène est un comportement qui va au-delà des formes normales de sacrifice de soi et de soin d'autrui. C'est une fuite en avant qui pousse à s'oublier soi-même.

Mon engagement à vouloir changer l'institution judiciaire en était une forme. Dans ce combat, je m'oubliais, concentrant toute mon énergie dans une cause au détriment de mon propre équilibre. L'effet fut dévastateur, car le travail effectué durant ces trois années m'obligeait sans cesse à revivre ma propre agression.

20

La rechute

Mon engagement pour faire valoir les droits des victimes m'acheva. Je venais de perdre mes illusions et me demandais ce que j'allais maintenant faire de ma vie. J'avais investi mes dernières forces dans ce combat, et le constat était consternant. Rien ne bougeait. La grosse machine à laquelle nous étions confrontés semblait engluée dans des valeurs dépassées.

Ce fut un échec cuisant qui me fit glisser lentement et sans que j'en prenne conscience dans une dépression sévère. Les cauchemars qui s'étaient effacés depuis plusieurs mois revinrent en force. Je recommençais à ressasser des idées noires. Je me maudissais de ne pas avoir été plus vigilante ce sacré soir de Noël. Des flashes surgissaient. Je me rappelais avoir eu, sur la route du retour du travail, une désagréable sensation d'être suivie. Pourquoi n'avais-je pas fait des détours ? Pourquoi ne m'étais-je pas arrêtée à un poste de police ?

Tout aurait été si différent.

Je replongeais. C'était la rechute. Tout le travail effectué durant les dernières années pour accepter la situation volait en éclats. Mes thérapies pour reprendre le dessus, pour chasser mes fantômes s'effondraient. Je revenais presque au point de départ.

Mon père avait renoué avec moi. Je ne sais plus exactement si c'est lui qui m'a contactée ou si c'est moi qui l'ai appelé. Cela n'a pas vraiment d'importance. Le fait est qu'un jour, il me fit part de ses inquiétudes :
— Tu n'as pas l'air d'aller bien. Tu devrais retourner voir ton médecin. Ne te laisse pas aller.
J'ai écouté son conseil. J'ai pris rendez-vous. On m'a prescrit de nouveaux médicaments et ce fut pire encore. Je réagis très mal à la nouvelle molécule. Les effets secondaires me jetèrent dans une sorte de prostration insurmontable.
Les symptômes du trouble de stress post-traumatique refirent surface. Incapable de me concentrer, je ne pouvais plus travailler.
Tout allait de travers et je finis par m'enfermer chez moi, par ne plus sortir que pour les nécessités absolues. Je ne répondais plus ou très rarement au téléphone…
Mon entourage s'inquiéta beaucoup de mon état, mais il se sentait aussi impuissant face à mon état de santé.. J'adoptai un comportement asocial. Il m'arrivait d'avoir des mots qui dépassaient largement ma pensée et qui faisaient fuir.
Mon humeur était inégale et imprévisible. Bref, je n'étais pas d'une compagnie très agréable ni intéressante. Je ne discernais plus le bien du mal. Je voyais dans mes amis des ennemis, et mon comportement a fait de ma vie un désert. Qui aurait bien pu vouloir d'une amie comme moi ?

Dans les jours qui suivirent, mon état psychologique s'était tellement dégradé que, dans un rare éclair de lucidité, je me décidai, encouragée par mon père, à aller chercher de l'aide. Constatant que j'avais un besoin urgent de repos et d'être prise en charge, mon médecin contacta l'hôpital et m'y envoya.

Je ne garde pas un souvenir très précis des trois mois que je passai dans le milieu hospitalier. Je me souviens de quelques bribes, de mots, de contours, de couleurs vagues. Cette période fut pour moi la pire de mon cheminement. Après avoir tant progressé, après m'être totalement remise physiquement, après avoir affronté mes agresseurs dans le box des accusés, après avoir réussi à mener plus ou moins bien une vie amoureuse, après avoir touché la lumière, connu le succès, je retombais dans une déchéance totale que je ne m'expliquais pas et qui me faisait peur.

Le psychiatre qui m'examina dès mon entrée mit un mot sur mon mal que je ne connaissais pas et que je ne comprenais pas : je faisais une crise de décompensation avec des bouffées délirantes. Qu'est-ce que cela voulait dire ? Étais-je folle ? Mon combat était-il perdu ? Allais-je finir mes jours entre ces murs ? Étais-je condamnée à errer dans ces couloirs sans âme ?

Pour être délirantes, les bouffées l'étaient ! Je ne mesurais même plus la portée de mes mots. J'insultais mon père alors qu'il venait me rendre visite et, secouée de spasmes incontrôlables, je pleurais à en avoir mal au ventre. Je pleurais tant et tant que mes larmes se tarirent. Je touchai le fond.

Le fond ? Et si ce n'était pas le fond, mais seulement une escale vers l'enfer ?

Alimentée par des repas légers, je passais mes journées entre le sommeil et la prostration. J'avalais des dizaines de comprimés comme on gobe des Smarties sans savoir ni leur nom ni à quoi ils servaient. Et j'en subissais les effets secondaires. Ma peau s'était asséchée, et des plaques rouges faisaient de moi un monstre. Je perdais mes cheveux par poignées. Quand j'étais habitée d'un peu de conscience, j'essayais de lire pour m'occuper l'esprit. Mais mon regard se perdait surtout par la fenêtre munie de barreaux.

Étais-je en prison ? Était-ce moi la criminelle ? Je ne le savais plus vraiment. J'étais dans un état second qui m'empêchait de faire le moindre projet. Ma vie se résumait aux secondes qui s'égrenaient comme les grains dans un sablier sans fin.

Je recevais parfois de la visite. Ma mère faisait le déplacement depuis la Côte d'Azur où elle vivait. Mon père est venu aussi et, malgré l'accueil que je lui réservai la première fois, il ne m'abandonna pas, me pardonnant au fur et à mesure mes écarts.

Quelques semaines plus tard, mon père m'apporta la Bible. Il m'adressa des mots d'encouragement, me certifiant que j'allais m'en sortir alors que j'étais plongée dans le désespoir à l'idée de ne plus jamais sortir de cet endroit. Je vis dans ce cadeau une invitation à retrouver la foi et je m'y accrochai.

Quelques amis tentèrent de me voir, mais je me défilai, refusant de les accueillir ou quittant ma chambre pour rester introuvable, pour qu'ils abandonnent et retournent chez eux.

Un jour, j'eus la visite de ma sœur Sandrine, que je n'avais pas vue depuis plusieurs années. Forte de caractère, pleine d'énergie, elle prit mon destin en main et me secoua. Je voulais quitter Paris le plus rapidement possible et elle me proposa son aide.. Elle s'occuperait de tout. Et elle tint sa promesse !

Jour après jour, je remontai finalement la pente, me raccrochant aux encouragements de mon père, à la confiance de ma mère, à l'incroyable énergie communicative de ma sœur et aussi aux soins qui m'étaient prodigués.

Le jour même de ma sortie de l'hôpital, je pris le train pour Annecy. Ma sœur m'avait trouvé un appartement meublé près du lac. Elle estimait que cette petite ville de province me permettrait de mener ma convalescence dans un cadre idéal.

De plus, elle-même vivant dans la région, elle serait présente tout le temps. Elle se chargerait de m'intégrer auprès de quelques amis et m'aiderait dans mes démarches, notamment pour trouver un travail.

***

J'imagine que je peux attribuer les origines de cette dégringolade à l'échec que j'ai connu dans mon combat pour défendre les victimes. J'ai perdu beaucoup de mes illusions et je l'ai très mal vécu. Je me suis sentie utile dans ce combat et totalement désarmée à l'heure du constat d'échec.

La décompensation est un état de rupture d'équilibre psychologique qui libère brusquement et parfois violemment les troubles préexistants, un peu à la manière d'un séisme qui se déchaîne lorsque l'équilibre entre deux plaques tectoniques est rompu.

Notre organisme est une machine merveilleuse qui comporte pourtant de petites imperfections. La compensation est une sorte de mécanisme qui se comporte comme un balancier : lorsque survient un problème, le corps ou l'esprit (la compensation est un système de défense physiologique et psychologique) compensent. On peut ainsi continuer à fonctionner normalement. La décompensation est l'arrêt de cette correction.

Certains psychothérapeutes pensent que la décompensation peut intervenir même lorsqu'un sujet traumatisé est en phase de rémission, comme je l'étais au moment de ma rechute.

Quoi qu'il en soit, cette rechute m'a contrainte à un repos forcé qui m'a permis de me retrouver, de retrouver quelques forces, mais surtout de mieux me situer par rapport à moi-même. Elle m'a poussée à changer encore une fois mon fusil d'épaule.

21

La convalescence

Ma sœur m'attendait sur le quai de la gare d'Annecy. Nous nous retrouvâmes sans effusion, mais elle prit les choses en main et me guida jusqu'à mon nouveau petit nid.

L'appartement, pas très grand mais plutôt coquet, était à quelques rues du lac, niché dans un environnement agréable. Je m'y suis sentie chez moi immédiatement. Cela changeait de la chambre d'hôpital que je partageais avec deux autres patients. J'étais chez moi et je pouvais commencer le processus de convalescence.

Sandrine avait tenu sa promesse et elle fit même plus encore. Quelques semaines après mon installation, elle vint me rendre visite avec un cadeau inattendu : une petite chatte de quelques semaines. Elle estimait qu'ainsi je me sentirais moins seule et que l'animal allait participer à mon rétablissement. Elle avait raison.

Même si la petite boule de poils était très indépendante, sa seule présence m'apportait du réconfort, elle donnait un sens à ma vie, me forçant à devenir responsable. La petite Sarah, joueuse et espiègle, comblait un manque et participait à m'offrir un univers moins solitaire.

Annecy est une ville agréable et tranquille, ce qui était exactement ce dont j'avais besoin. Loin du tumulte de la capitale, loin des préoccupations frivoles, loin des transports en commun bondés, loin des bruits de klaxon et du rugissement des moteurs, de la mauvaise humeur des Parisiens stressés, je pouvais prendre chaque jour avec sérénité, bien décidée à me reconstruire et à fonder ma nouvelle vie sur de nouvelles bases.

Faute de moyens, j'optai pour une vie sans voiture. L'appartement étant situé idéalement à proximité de tous les commerces, je ne voyais pas l'utilité de devenir esclave d'un véhicule.

Je partais donc à la conquête de mon quartier en empruntant les trottoirs, le nez au vent. Je voulais prendre mon temps, respirer, m'imprégner du printemps, sourire aux passants, leur adresser quelques mots de politesse et – pourquoi pas ? – tisser des liens d'amitié.

On dit parfois que les Haut-Savoyards sont des gens froids. Je n'ai pourtant trouvé que sympathie et ouverture d'esprit. Je ne disais pas qui j'étais. Je ne dévoilais que mon prénom. Cela me permettait de garder une certaine distance et de me fondre dans la masse sans soulever de curiosité ou d'admiration.

Sans tarder, je me suis mise à la recherche d'un emploi. Je ne désirais pas entreprendre une nouvelle carrière, et mes ambitions étaient plutôt limitées, mais je refusais de plonger dans l'oisiveté. Je n'étais pas difficile ni exigeante. Je prenais ce qui se présentait.

Je m'inscrivis donc dans des agences de placement, je prospectai à Pôle emploi et m'empressai également d'aller éplucher la liste des associations de la ville avec l'objectif de donner un peu de mon temps.

Vivre, c'est aussi donner et penser à son prochain. J'étais décidée à me construire une vie équilibrée. Je n'avais pas réellement de projets d'avenir. Il était encore trop tôt. Je vivais presque au jour le jour, mes horizons les plus lointains se limitant à une ou deux semaines.

Au fil des mois, je me bâtis un petit réseau d'amis. Je choisissais des gens simples parce que je me sentais moi-même simple. Je m'adonnais à la randonnée et profitais des magnifiques paysages de Haute-Savoie. Je suivais des cours de langue, fréquentais les bibliothèques, me préparais de temps en temps des petits plats… Bref, je vivais sans excès et cela me satisfaisait. Mes cauchemars et mes peurs s'éloignaient peu à peu. Sans être hyperactive, je m'arrangeais pour ne jamais m'ennuyer et surtout savourer chaque instant.

Mon premier engagement associatif fut dirigé vers une association d'aide aux victimes. Il ne s'agissait pas uniquement de personnes ayant subi un acte criminel, l'association regroupant également des salariés victimes de harcèlement professionnel et, d'une manière plus large, des gens en déséquilibre psychologique.

Ma motivation n'était plus la même que lorsque j'avais mené mon combat à Paris. Je voulais maintenant apporter un soutien sans ambition de changer le monde. Je prêtais une oreille attentive aux SOS lancés par des anonymes. Je me sentais un peu plus forte que lors des années précédentes, offrant un peu de compassion sans pour autant m'emparer de la douleur des autres.

C'est ce détail qui me fit réaliser que j'avais fait un grand pas vers la réconciliation. Je n'avais plus ce besoin absolu de soulager les âmes en peine en les déchargeant de leur tristesse. J'avais évolué. J'avais grandi et compris que le seul moyen de sortir de cet état était de se relever. Je ne me définissais plus comme une victime. J'avais abandonné ce statut qui me collait à la peau comme un vieux manteau râpé. J'étais passée de l'autre côté de la barrière, et cette prise de conscience me fit du bien.

Mon travail à mi-temps comme assistante commerciale me laissait beaucoup de liberté. Selon mon humeur, je restais enfermée chez moi pour plonger dans la lecture, j'allais marcher jusqu'au lac ou je m'investissais dans des associations humanitaires.

C'est ainsi que j'ai rejoint les rangs du Secours populaire et des Restos du cœur. En toute honnêteté, je ne peux pas dire que ce sont des endroits très agréables. Il y règne tellement de détresse, on y croise tant de misère ! Ce n'est pas le genre de lieu où l'on se rend par plaisir.

Et la plupart des bénéficiaires fixent le bout de leurs chaussures, craignant de croiser un regard, même s'il est empreint de bonne foi. Rares sont ceux qui se confient, qui ressentent le besoin de parler de leur histoire.

La honte habitait la majorité des silhouettes qui fréquentaient l'association. Elle se traduisait parfois par de la colère. Je ne la prenais pas personnellement. J'attribuais ces mouvements à une immense déception face à une société trop dure. Le découragement et l'abattement n'étaient pas rares.

Prises entre le manque de ressources et la détresse, ces associations font un travail formidable, et leur mission n'est jamais simple à assurer. Dans ce genre d'endroit, il n'existe que deux types de personnes : celles qui sont résignées et celles qui éprouvent encore quelques sursauts de fierté.

Les premiers ne parlent plus, les seconds en veulent à la terre entière. Sans état d'âme, je traitais les uns et les autres de la même manière, leur offrant un sourire d'encouragement sans rien attendre en retour.

Nous connaissions tous les bénéficiaires et, si l'un d'eux ne venait pas les jours de distribution, nous nous inquiétions. Il existait un lien étroit entre nous, comme si nous avions signé un pacte silencieux.

Quand je rentrais chez moi après les quelques heures de mon temps offertes aux plus démunis, il m'arrivait de verser des larmes. Parfois de tristesse quand nous apprenions qu'un de nos « clients » s'était laissé mourir de désespoir. D'autres fois, c'étaient des larmes de joie quand un autre avait enfin retrouvé un travail.

Chacun devrait donner un peu de son temps aux associations caritatives. C'est à la fois si peu et beaucoup. Cela nous ramène à nous-mêmes. Croyez-moi, quelles que soient nos peines, elles ne sont rien face à l'injustice sociale. Mais le pire, c'est de constater que la misère ne sévit pas que dans les pays du tiers-monde. Nous évoluons dans une société de compétition, une course obligatoire à la performance qui fait un nombre impressionnant de victimes.

Un nombre qui s'accroît d'année en année et s'étend aujourd'hui aux couches moyennes de notre société, prenant aussi dans ses filets des gens à qui tout souriait. Personne n'est réellement à l'abri de ce genre de mésaventure.

Sur le plan médical, j'étais suivie par une équipe compétente et attentionnée, ce qui me changeait de Paris. On m'encourageait beaucoup.

Nous avions réussi à trouver un traitement qui me convenait mieux, qui me stabilisa dans un premier temps, puis qui me permit d'évoluer à grands pas.

Je suivais les conseils de ma psychothérapeute : je me fixais des objectifs à court terme, je m'entretenais physiquement en marchant beaucoup, en participant à des randonnées pédestres ; je m'inscrivais à des cours, je travaillais, méditais, m'investissais, mangeais sainement et j'avais repris la rédaction d'un carnet de bord dans lequel j'inscrivais sans pudeur tout ce qui me passait par la tête.

***

Après seulement quelques mois de ce régime de convalescence, je constatai une réelle amélioration de mon état physique et psychologique.

Mon soleil intérieur recommençait à briller. J'avais abandonné mes ambitions passées et mes fuites en avant pour me réconcilier avec ma nouvelle vie.

Quand je parle de nouvelle vie, il ne s'agit pas de mon déménagement vers une nouvelle région ni de mes engagements associatifs et encore moins de mon travail à mi-temps. Non, il s'agissait plutôt d'une page qui se tournait définitivement.

J'avais abandonné tous mes combats inutiles et plus particulièrement l'obsession qui m'empêchait d'aller de l'avant, celle de vouloir à tout prix effacer mon enfance pas très heureuse, mon beau-père autoritaire, la sensation d'abandon de mon père et cette terrible nuit de décembre 1999.

Je ne ressentais ni colère ni besoin de vengeance envers mes agresseurs. Je prenais à nouveau conscience du monde qui m'entourait, de l'instant présent, et je pouvais enfin faire quelques petits projets, même s'ils ne portaient pas sur de grandes envolées.

C'est ainsi que je franchis l'une des étapes les plus importantes de la réconciliation : la troisième phase de l'acceptation.

Comme je l'ai indiqué avant, l'acceptation ne consiste pas à entériner les faits qui sont à l'origine du traumatisme. Ce n'est qu'en acceptant ce que nous ne pouvons pas changer que nous réussissons à retrouver une paix intérieure nous permettant d'évoluer normalement.

L'acceptation, c'est considérer que notre destin a changé suite à un événement extérieur et inéluctable. Il faut alors « reprogrammer » notre vision de l'avenir en tenant compte de cet événement.

Cette réinitialisation ne survient que lorsque le déni est entièrement consommé et que notre esprit prend conscience que ce refus d'accepter est une impasse. La seule solution est alors d'inscrire l'événement dans le cours de son histoire et de lui laisser la place qui lui revient.

On ne commande pas l'acceptation par la seule volonté, mais, si l'on a conscience qu'elle est une étape indispensable à la réconciliation, on peut accélérer son processus. Accompagnée d'un traitement médical approprié et d'un suivi psychologique bien mené, ma convalescence à Annecy dans un environnement plus serein m'a permis de reprendre contact avec la réalité et d'agir dans le bon sens. Cela peut paraître paradoxal, mais, en intégrant cette agression du jour de Noël 1999 à mon histoire, je pouvais enfin quitter mon costume de victime.

Des recherches ont permis de mettre en évidence les phénomènes de rebond dans les tentatives de suppression de la pensée. On a ainsi démontré que chercher à faire disparaître une pensée, une émotion ou un souvenir désagréable amène le plus souvent à garder au centre de l'attention ce dont on essaie de se débarrasser.

Mon attitude avait beaucoup évolué depuis Paris. Tout d'abord, j'avais accepté de me fier à l'aide médicale qui m'avait été offerte et je pus compter sur le travail extraordinaire de Martine K., psychologue à Annecy, avec qui j'ai encore d'ailleurs quelques contacts à l'occasion, mais désormais dans un cadre plutôt amical.

Quitter Paris m'a forcée à repartir de zéro et, dans mon cas, repartir de zéro était la meilleure des solutions pour avancer. J'avais mis au placard mes démons, mes ambitions et mes illusions pour repartir sur des bases saines.

M'investir dans des associations aurait pu me jouer des tours. Les associations caritatives exigent une force de caractère rare pour ne pas sombrer dans la tristesse. Cela m'a heureusement plutôt bien réussi. J'ai parfaitement composé avec la détresse des autres et l'empathie dont je suis capable sans cette fois vivre la codépendance.

Ajoutons à ces avancées le soutien de ma sœur et de son conjoint (qui ont su me motiver et que je ne remercierai sans doute jamais assez) et la présence de la petite Sarah.

Je ne voulais pas encore croire que j'étais complètement sortie d'affaire. Après ma rechute et ma crise de décompensation vécue quelques mois plus tôt, je me méfiais encore de moi-même.

Les semaines qui ont suivi m'ont prouvé que j'avais tort de m'inquiéter. En fait, tout irait de mieux en mieux, et bien au-delà de mes espérances.

22

La rencontre

Je me sentais bien dans ma vie de célibataire. Si j'avais fait quelques rencontres à Paris, aucune n'avait débouché sur une relation sérieuse. Je craignais l'engagement par manque de confiance en moi. Je ne me voyais pas partager mon quotidien avec un homme, fût-il le plus gentil d'entre eux. Je me suffisais à moi-même, j'étais en paix et je ne m'ennuyais pas. On pourrait penser que je privilégiais ma vie sociale au détriment de ma vie personnelle. Mais faut-il absolument être en couple pour être heureux ? Je n'en suis pas sûre !

Mon cœur n'en était pas pour autant éteint. Il m'arrivait parfois de penser à un improbable prince charmant. Je ne lui dessinais pas de visage, je ne l'imaginais pas, il avait une silhouette aux contours flous.

Je n'envisageais rien de particulier et n'adoptais pas un comportement de séductrice. Celui qui entrerait dans ma vie le ferait par la petite porte. Il devrait faire preuve de patience et de douceur.

Il arrivait que je me fasse courtiser, mais je n'étais pas pressée et surtout je ne voulais pas d'une histoire sans lendemain. J'étais une femme libre qui s'assumait et qui, heureusement, ne souffrait d'aucune forme de dépendance affective.

On m'avait parfois expliqué que c'est lorsque nous lâchons prise que les choses arrivent. Il paraît aussi que l'on attire ce que l'on mérite. Pour ma part, je n'ai jamais eu à me plaindre à ce sujet. J'étais devenue une femme libre et équilibrée, et je voulais profiter pleinement de ce statut avant de m'engager sur une nouvelle voie.

Une amie canadienne rencontrée lors d'un salon du livre à Montréal quelques années plus tôt m'avait indiqué qu'une de ses connaissances allait prendre contact avec moi. Je ne savais pas ce qu'elle avait derrière la tête, mais elle estimait qu'il fallait absolument que j'accepte cet homme dans mes amis sur un célèbre réseau social. Elle m'avait dit beaucoup de bien de lui, me précisant qu'il avait publié quelques romans et que c'était un ancien journaliste.

Innocente, je n'aurais à ce moment jamais imaginé ce qui allait ensuite se produire. Mais j'étais ouverte, prête à agrandir mon cercle d'amis. Le seul ennui, dans cette histoire, c'est que je n'étais pas très assidue sur ce réseau social. Je possédais alors un vieil ordinateur, lent, dépassé, et cela prenait tant de temps pour établir la connexion sur Internet que j'étais plutôt du genre à laisser cette activité de côté pendant des semaines.

Un soir d'octobre, je découvris un message en rentrant du travail. Les journées raccourcissaient et, comme la fraîcheur s'installait dans la région, je sortais moins. Je fus agréablement surprise.

Le message était courtois, et mon correspondant ne m'abordait pas avec familiarité. Il semblait cultivé et faisait même preuve d'un humour très bien dosé.

Je fus ensuite emplie d'une immense déception en constatant que ce message datait du mois d'août. Il avait été expédié plus de deux mois avant ! Mais pourquoi donc n'avais-je pas ouvert mon ordinateur plus régulièrement ?

Un peu dépitée, je répondis quand même. Après tout, il ne s'agissait que d'une offre d'amitié qui, semblait-il, était totalement désintéressée. Je n'avais rien à perdre.

Je n'attendis pas très longtemps avant d'avoir des nouvelles. Dès le lendemain, je recevais un autre message dans lequel mon correspondant me fit part de faits plutôt troublants.

En visitant mon profil sur le réseau social qui nous maintenait en contact, il avait noté ce qui, selon lui, relevait de signes du destin que nous ne pouvions ignorer. Ainsi, j'appris que nous étions nés le même jour. Il me précisa qu'il avait vécu à Annecy pendant une dizaine d'années et que son fils vivait encore en Haute-Savoie.

Il releva également que nous avions tous deux certains points communs assez fascinants : nous avions exercé le métier de journaliste et nous avions également publié des livres que nous avions présentés au Salon du livre de Montréal.

Amusée et un peu remuée, je dois le dire, je lui ouvris volontiers les portes de mon univers. En quelques jours, nous décidâmes de matérialiser notre amitié virtuelle par un premier appel téléphonique, seul lien possible puisque plus de 6000 kilomètres nous séparaient. Le téléphone devint rapidement un véritable cordon ombilical.

Nous passâmes des heures entières à discuter de tout et de rien. Il me parlait de lui, de sa vie, et moi, de mon histoire. Nous nous entendions très bien, mais je conservais tout de même un peu de distance pour me préserver.

Je me gardais bien de parler de cette amitié à qui que ce soit. Tant qu'il s'agissait d'échanges épistolaires et d'appels téléphoniques, je n'avais pas grand-chose à craindre et je ne voyais pas l'intérêt de parler de ce petit secret à mon entourage.

Ce petit manège dura quelques mois avant que nous ne décidions d'organiser une rencontre.

L'idée de le voir suscita en moi de nombreuses émotions. J'étais partagée entre la joie, l'impatience et la peur d'être déçue ou de décevoir. Je dus également affronter les doutes de mes proches et leur mise en garde bien légitime. Nous avions décidé, lui et moi, que ce serait moi qui ferais le déplacement, et je ne pouvais pas me rendre au Canada sans avertir ma famille.

Ma sœur se montra très perplexe et je ne lui jetai pas la pierre. Nous entendions tellement d'histoires horribles concernant des relations virtuelles que sa méfiance était tout à fait justifiée. Elle cherchait à me protéger et à m'éviter une nouvelle déception, moi qui sortais tout juste d'un long tunnel. Cela étant, je surmontai mes peurs et réservai mon billet d'avion.

Mes inquiétudes n'étaient pas liées à la personnalité de Jean-Claude (il avait fait preuve d'une telle délicatesse et d'une maturité hors normes lors de nos conversations), mais plutôt à mon manque de confiance en moi.

Mon côté exploratrice reprit le dessus et me fournit le courage nécessaire pour monter à bord de l'avion le jour J. J'avais laissé la petite Sarah en de bonnes mains et soigneusement préparé mon voyage pour partir l'esprit en paix. Le vol me parut durer une éternité. J'avais à la fois hâte et envie que l'appareil fasse demi-tour.

Serait-il présent à l'aéroport comme il me l'avait promis ? Et si tout cela n'était qu'une nouvelle illusion ?

Et si je devais à nouveau affronter l'échec ? Je n'avais pas tiré de plans sur la comète et je ne peux pas dire que cet inconnu que j'allais enfin rencontrer avait déjà conquis mon cœur, mais je mentirais si je disais que cette aventure me laissait de marbre.

À Montréal, après avoir franchi la douane, j'émergeai dans le hall des pas perdus le cœur battant. La foule était dense. Je me demandais si les photographies qu'il m'avait envoyées étaient bien les siennes. Qu'allais-je découvrir ?

J'étais encore perdue dans mes spéculations quand une voix familière m'interpella. Toutes mes craintes s'évanouirent en une fraction de seconde. Mon inconnu était là, devant moi ; il correspondait exactement aux portraits que j'avais reçus et son sourire me rassura immédiatement. Son regard était empli de gentillesse, sa carrure solide inspirait le respect et, sans plus attendre, il me serra dans ses bras. Son étreinte fut respectueuse. Il me serra fermement, mais sans la moindre violence. Je n'eus aucun réflexe de recul. Mon bouclier naturel tomba aussitôt.

Nous passâmes une semaine ensemble. En janvier, les températures étant largement en dessous de zéro au Québec, pour ne pas dire glaciales, nous ne sortîmes que peu, et les veillées se déroulaient dans le confort du foyer. Nous parlions beaucoup.

Nous nous découvrîmes de nombreux points communs qui renforçaient le sentiment que nous étions faits pour nous rencontrer. Nous rîmes de bon cœur en constatant que, si nous étions nés le même jour, nos sœurs respectives avaient également vu le jour à la même date. Et cela ne s'arrêtait pas là puisque ma nièce et son neveu étaient nés un 10 juin. Et comme si tout cela ne suffisait pas, mon bel inconnu avait vécu à quelques kilomètres de chez ma mère.

Mon corps est rentré à Annecy en laissant derrière lui mon cœur. Cette première rencontre m'avait beaucoup troublée. Je me battais encore un peu contre les démons qui m'empêchaient de vivre cette relation sans me soucier du lendemain, mais, lors de nos longues conversations téléphoniques, Jean-Claude, que j'appelais affectueusement « Jesse », me rassurait. J'avais compris que cet homme avait quelque chose de très différent.

Plus âgé que moi de sept ans, il posait un regard philosophe sur la vie. Il avait lui aussi vécu des moments très difficiles et il se montrait très avenant.

Il ne laissa pas s'écouler trois mois avant de m'annoncer qu'à son tour, il viendrait à Annecy. Cette fois, nous serions sur mon terrain. J'étais décidée à l'intégrer dans mon univers, à lui présenter ma sœur Sandrine et mes amis. Je pourrais ainsi avoir leur opinion, même si la mienne était déjà bien ancrée dans mon esprit.

En l'attendant, je me forçai à reprendre mes habitudes : randonnées pédestres, travail, bibliothèque, associations caritatives. Je ne voulais rien changer à tout cela. Je ne voulais pas faire l'erreur commise par beaucoup : ne vivre que pour cette relation.

L'amour est et doit rester un complément dans la vie. Il ne peut être équilibré que lorsque nous sommes en paix avec nous-mêmes. Cette rencontre n'avait été provoquée que par le destin. Je ne cherchais pas l'âme sœur, et Jesse ne la cherchait pas de son côté non plus. Cette relation a débuté par l'amitié et elle fut dès les premiers jours placée sous le signe du respect mutuel, de la confiance et d'une communication authentique.

Lorsque Jesse débarqua en Haute-Savoie au printemps, nous tombâmes dans les bras l'un de l'autre. Il se montra toujours aussi prévenant, et mes proches l'apprécièrent immédiatement. Je ne percevais aucune ombre au tableau ! C'était presque trop beau, mais j'y croyais sans me poser de questions.

C'est lors de cette visite que nous envisageâmes d'aller plus avant. Jesse m'expliqua que nous avions deux possibilités : continuer, faire des projets et agir ou bien laisser aller le temps et assister à l'extinction inexorable de notre histoire. Ses mots n'avaient rien à voir avec un ultimatum. Il ne me mettait aucune pression. Il regardait simplement les choses en face comme lui seul sait le faire. Car Jesse a une qualité rare, celle du discernement et de la transparence.

Je n'eus nullement besoin de beaucoup réfléchir. Il m'offrit deux possibilités : je le rejoignais au Canada ou il rentrerait en France si je le lui demandais. Là aussi, il démontra une grande qualité : la souplesse. Nous ne prîmes pas une décision immédiatement quant aux détails géographiques de notre vie future. La seule chose qui nous importait, c'était que nous nous engagions mutuellement à trouver une solution nous permettant de nous réunir.

Jesse avait une vision identique à la mienne. Il ne voulait pas d'une histoire de plus dans sa vie. À ses yeux, une relation devait répondre à certains critères. La communication est, pour lui, une condition sine qua non à une vie équilibrée, tout comme l'honnêteté, la transparence et le respect, et je suis en parfait accord avec ces valeurs. C'est un homme de caractère qui ne fuit jamais devant les problèmes. Il préfère la confrontation constructive, le débat intelligent et, lorsqu'il estime que la limite est atteinte, il ne s'entête pas ; il se détourne, préférant investir ses énergies dans ce qui est constructif.

L'idée de nous engager vint donc naturellement et, cette fois, je n'ai pas fui. En septembre, il revint me voir. J'en profitai pour organiser une rencontre avec ma mère, qui le trouva charmant et qui me donna sa bénédiction pour mon départ pour le Canada.

Un mois plus tard, en octobre, soit un an jour pour jour après notre premier contact épistolaire, je revenais à Montréal, accompagnée de la petite Sarah.

***

Après des années d'errance, je renouais donc avec l'amour. N'étant pas sujette à la dépendance affective, je ne vivais pas dans l'attente de cette rencontre. Elle est arrivée par le plus grand des hasards, à un moment où je n'envisageais pas que cela puisse se produire.

Avant cette révélation, j'avançais dans ma vie comme on se promène sur un sentier de randonnée au milieu des montagnes. Je profitais de chaque journée sans aucun manque, en totale sérénité.

Je n'ai jamais ressenti de déclic m'indiquant que le moment était venu. Mon corps et mon cœur ne réclamaient pas à tout prix les bras d'un homme, mais je me félicite de ne jamais avoir complètement fermé la porte.

J'aurais pu refuser toute forme de rapprochement après ce que j'avais vécu, mais ce comportement aurait signifié que je vivais encore dans mon traumatisme.

Ce soleil soudain me donna la preuve que cette fois j'étais vraiment en rémission. Car non seulement je m'étais laissé approcher, mais en outre je pouvais à nouveau aimer un homme, lui faire confiance et me projeter dans l'avenir.

Je conçois que renouer avec l'amour puisse être difficile, voire impossible pour certains traumatisés et plus particulièrement les femmes ayant vécu une agression sexuelle. Mais, cette réaction n'est pas un comportement naturel : elle est un symptôme de l'état de stress post-traumatique qui demande alors de reprendre un travail permettant de régler ce trouble.

Mon histoire avec Jesse a ceci de particulier que nous devions prendre une décision importante : continuer et nous rapprocher ou arrêter parce que la distance finirait forcément par éteindre notre flamme. Je ne cache pas que je fus confrontée à certains doutes.

Partir pour aller vivre de l'autre côté de la planète, dans un pays inconnu, n'a pas été une décision facile à prendre. Face à ces doutes, Jesse eut la sagesse de me proposer de venir le rejoindre, mais en gardant pour plusieurs mois un filet de sécurité me permettant de faire marche arrière si l'un de nous défaillait.

Ainsi, je gardai mon appartement à Annecy, maintins toutes mes affaires courantes à jour afin de conserver une issue de secours ouverte. Cela n'a pas reflété un manque de confiance en notre histoire, mais m'a permis de me sentir libre de toute dépendance matérielle.

Je me suis aussi parfois posé quelques questions concernant les motivations de mon inconnu. Réussirais-je à lui faire une place dans ma vie ? Devais-je renoncer au projet que j'avais de rentrer à Paris ? Serais-je apte à partager ma vie sur du long terme ? N'allais-je pas sombrer quelques mois plus tard comme cela m'était arrivé ? Serais-je à la hauteur de ses attentes ? Allions-nous vivre en symbiose pendant longtemps ?

Les projets que nous développions à chaque conversation téléphonique ou dans chacun de nos messages électroniques me rassuraient. Jesse est quelqu'un de très linéaire. Lorsqu'il prend une décision, c'est qu'il a pris le temps d'en mesurer tous les impacts et il n'est pas du genre à ne pas honorer ses engagements.

Cette force de caractère ne m'a jamais fait peur. Je ne me suis jamais sentie oppressée, bien au contraire. Il a toujours pris soin de me laisser des solutions de rechange et terminait chaque proposition par : « Ne te sens jamais obligée. La décision définitive t'appartient, je ne prendrai jamais une décision unilatéralement. »

Je n'ai jamais caché mon histoire à Jesse. Il avait quitté la France en septembre 2000 et, à cette époque, le drame que j'avais vécu n'avait pas encore été rendu public. Il apprit donc tout de ma bouche.

Je jouai carte sur table avec lui comme il le fit avec moi. J'ai tenu à lui parler de ce que j'avais vécu très rapidement pour que tout soit clair et parce que, lorsque l'on veut s'engager dans une relation, la transparence est nécessaire.

Jesse réagit très bien. Il m'épargna la réaction que la majorité aurait pu avoir : la colère envers les agresseurs. Et c'est exactement ce dont j'avais besoin.

La haine n'est pas une solution et, s'il avait eu ce genre de comportement, cela m'aurait beaucoup déçue. Au contraire, il commença par m'assurer de son soutien et fut très délicat. Il ne posa pas de questions, me laissant libre de dire ce que je voulais. Je ne subis pas non plus d'interrogatoire.

Ce comportement face à mon drame fut une marque de respect à laquelle je ne m'attendais pas. Je m'étais plus ou moins préparée à répondre à des interrogations, mais je n'eus jamais à le faire.

Chacun voit l'amour à sa manière et je ne prétends pas donner de conseils ni de leçons à ce sujet. Je pense que le plus important est de laisser aller les choses tant que tout se passe bien et de ne jamais hésiter à recadrer la relation lorsque cela est nécessaire. Je m'estime très chanceuse d'avoir rencontré un homme comme Jesse. Il est l'exception qui confirme tout ce que certaines femmes traumatisées pensent de la gent masculine.

Loin de moi l'idée de le mettre sur un piédestal. D'ailleurs, il a une sainte horreur de ce genre de chose et, au demeurant, il a aussi des défauts qui font de lui un homme très attachant.

Cela dit, personne n'est parfait, pas même l'amour, pas même l'image que nous nous fabriquons de notre idéal masculin. C'est aussi cela qui fait la magie d'une rencontre.

Elle provoqua en moi un regain d'entrain. Depuis ma rechute, je ne prenais plus vraiment soin de moi. Je n'éprouvais pas le besoin de plaire et j'avais laissé une part de ma féminité au fond du placard.

Pour Jesse, j'avais envie de faire des efforts, de lui plaire et qu'il soit fier d'avoir à son bras une femme désirable. Je reprenais confiance en moi, me sentant investie d'une nouvelle mission : celle d'être une femme.

Un autre point me semble important : la passion. Beaucoup pensent qu'elle est indispensable à la naissance d'une relation. Je ne suis pas d'accord avec cette affirmation. Tout d'abord, à 38 ans pour moi et 45 pour Jesse, nous avions passé l'âge du feu sacré qui vous propulse dans les airs. La passion à 20 ans, c'est normal, car elle procure des sensations uniques ; plus tard, elle est plutôt signe d'une vision dépassée de l'amour et même de danger, car, tout le monde le sait, la passion est un feu de paille.

Jesse et moi n'avons pas vécu ce feu dévorant. Notre relation s'est développée dans la sérénité et le calme. Et c'est cette sérénité qui est à la base de notre lien. Je ne peux donc que mettre en garde ceux et celles qui attendent ce coup d'adrénaline, car il débouche rarement sur quelque chose de durable.

23

Terre promise

Jamais je n'aurais imaginé partir un jour vivre au Canada. Mes dernières semaines en Haute-Savoie furent consacrées aux préparatifs. Grâce à l'aide de Jesse, je ne voyais pas ce départ comme une montagne. Il m'épaula et me guida.

Un mois avant le grand jour, il fit un court séjour en France pour m'aider et j'en profitai pour lui proposer de rencontrer ma psychologue, Martine K. Il me semblait important qu'il puisse avoir une discussion avec elle. Je ne voulais rien lui cacher et, puisque nous allions partager notre quotidien, j'autorisai Martine à lui parler de mon parcours. Encore une fois, Jesse fit forte impression. Deux semaines plus tard, lors de mon dernier rendez-vous avec Martine, elle me fit une confidence très encourageante :

— Vous êtes maintenant sur la bonne voie et vous êtes, pour cela, très bien accompagnée. J'ai confiance en votre avenir. Vous êtes maintenant sortie d'affaire.

Quitter son pays demande une logistique importante. Si nous avions décidé de conserver mon appartement pendant un minimum de trois mois, il a fallu expédier les affaires courantes. Je devais mettre ma vie dans deux valises, me défaire d'objets, dont certains m'accompagnaient depuis de longues années, passer des petites annonces, vendre ce qui pouvait l'être et donner le reste.

Je stockai chez ma sœur ce qui ne pouvait entrer dans mes bagages. Nous avions prévu que Sandrine se chargerait de rendre l'appartement le moment venu et, par conséquent, il fallait qu'il soit vide de tout effet personnel. J'étais rassurée d'avoir la possibilité de faire marche arrière en cas de problème. Nous avions envisagé tous les scénarios. Jesse m'avait d'ailleurs avertie :

— Quitter son pays n'est pas facile. C'est plus que tourner une page, ça revient à fermer tout un livre pour en ouvrir un autre. Nous ferons tout ce qui est nécessaire pour que l'adaptation se passe dans les meilleures conditions, mais si ça ne fonctionne pas, nous aviserons.

Ma sœur et Jean-Marc, son conjoint, m'emmenèrent à l'aéroport. La petite Sarah était du voyage. Je lui avais administré un calmant pour que l'épopée se déroule dans les meilleures conditions, mais elle ne semblait pas du tout apprécier d'être encagée. La journée serait longue, mais la lumière était au bout du tunnel. J'étais prête à endurer le périple.

Nous nous sommes enlacés dans le hall de l'aéroport Saint-Exupéry. Sandrine m'adressa des mots d'encouragement. Nous n'avons pas versé de larmes, mais une grande émotion nous étreignait. Cette fois, il ne s'agissait plus de partir une semaine ou deux. Si tout allait bien, mon départ serait sans retour.

C'est au moment d'enregistrer mes bagages que je réalisai le coup de dés auquel je me livrais, et, quand

Sandrine me laissa au milieu des voyageurs, je me retrouvai face à mon destin, ce grand inconnu.

Comment ne pas ressentir une certaine appréhension ? Avais-je pris la bonne décision ? Ma dernière conversation avec Jesse remontait à la veille et il me manquait épouvantablement. Les dix prochaines heures seraient longues et difficiles. Le stress du voyage, le vide et cette désagréable sensation d'être coincée entre deux vies. J'avais ma petite Sarah pour compagne de voyage.

Elle miaulait sans cesse. Le calmant n'avait pas agi et elle n'était pas au bout de ses peines. L'attente de l'embarquement me parut une éternité. J'observais la foule impassible, essayant de percer les mystères de chaque silhouette. Des hommes d'affaires, des familles, des étudiants... Et moi, en transit.

Une fois dans l'avion, mon stress retomba. J'avais une escale d'une heure à Paris avant le grand saut transatlantique. Je ne pouvais pas contacter Jesse, j'étais prise dans une sorte de grand silence et, malgré l'animation qui m'entourait, j'avais l'impression de flotter dans un trou spatio-temporel.

Le temps s'étirait comme une ombre au coucher du soleil, les sons que je percevais semblaient des échos lointains. Je parcourais les couloirs de l'aéroport Charles-de-Gaulle sans en voir la fin. Je n'avais qu'une hâte : m'asseoir sur mon siège, me laisser aller et me réveiller sur la terre promise.

Finalement, j'ai traversé l'océan les yeux rivés au hublot. Sarah fut insupportable pendant tout le vol et, plus j'avançais, plus mon cœur battait.

Jesse se précipita en me voyant sortir de la zone internationale. Il s'empressa de me débarrasser de mes bagages et, après que j'eus refusé de prendre un café, nous fonçâmes vers la voiture. J'étais lasse et j'aspirais à retrouver le petit nid douillet qui nous attendait. L'air était déjà glacial en cette fin octobre. Nous étions au Canada et je me sentais soulagée. Enfin !

L'accueil réservé par Jesse fut formidable. Il avait acheté de nouveaux meubles, avait fait de la place dans les placards et s'était procuré tout le nécessaire pour Sarah. J'entrais dans ma nouvelle vie sans transition et je m'y sentais déjà bien.

Jamais je n'eus le moindre regret. Jamais la France ne me manqua réellement. J'étais tournée vers mon avenir, je ne regardais pas en arrière. Le passé m'indifférait. Je profitais du présent et j'approuvais les projets que Jesse mettait sur pied.

Il m'avait expliqué que son adaptation au Canada n'avait pas été facile et qu'il voulait absolument m'éviter tous les pièges dans lesquels il était tombé : le sentiment d'isolement, d'éloignement, la solitude…

Il me présenta rapidement à son cercle d'amis qui, pour la plupart, sont des Français émigrés, comme nous. De plus, j'avais beaucoup de chance, car il gérait ses affaires à la maison.

Il ne partait pas le matin pour ne rentrer que le soir. Il m'emmenait partout, m'intégrant dans son milieu professionnel, me présentant aux nombreuses personnalités qu'il rencontrait dans le cadre de son métier de rédacteur en chef.

Il ne fut pas trop exigeant, me laissant entretenir mon petit jardin secret. Il m'encourageait à ne pas rester enfermée, effectua toutes les démarches pour que je puisse devenir totalement autonome. Une voiture m'attendait et me permettrait de découvrir la région. Il partagea tout sans que j'aie besoin de rien demander.

Grâce à ce comportement, je me sentis immédiatement chez moi et, toujours prêt à intervenir si je ne me sentais pas bien ou si j'avais besoin de quoi que ce soit, Jesse m'enveloppa d'une tendresse protectrice chaleureuse.

Très rapidement, nous avons discuté d'avenir et de mariage. Ce fut une décision naturelle qui était dans l'ordre des choses. Pour la première fois, je répondis par l'affirmative sans avoir envie de me mordre la langue.

Nous décidâmes de ne pas laisser traîner les choses et de passer à l'action dès que possible. Il me chargea d'ailleurs de commencer à faire des recherches pour les préparatifs. Nous voulions nous marier en France, ce qui ne nous simplifierait pas la tâche en raison de la distance, mais tout se déroula à merveille.

Nous fixâmes une date pour le mois de juillet suivant. Tout allait vite, mais je ne ressentis jamais la moindre inquiétude. Nous étions tous deux très motivés, et ce mariage devint rapidement un point fixe à l'horizon. Il ne manquait que la bénédiction de mon père.

En février, nous eûmes une belle surprise. Mon père venait au Québec et nous devions nous voir. Jesse ne l'avait encore jamais rencontré et, contrairement à toute attente, il prit la chose calmement. Il me lança même sur le ton de l'humour :

— Si ton père se comporte en star, je tourne les talons !

Je n'avais pas vu mon père depuis que j'avais été hospitalisée. J'étais plus nerveuse que Jesse. Mon père n'est pas le genre d'homme à faire bonne figure s'il n'en a pas envie. Si Jesse ne lui plaisait pas, c'est peut-être lui qui tournerait les talons.

Tout se déroula à merveille. Nous annonçâmes à mon père le mariage et il réagit de la meilleure manière possible en affirmant :

— Si ma fille est heureuse, je serai un homme heureux !

Il me trouva changée et tellement plus équilibrée. Ce ne fut pas difficile : la dernière fois que je l'avais vu, j'étais en pleine crise de décompensation.

Le mariage se déroula, comme prévu, en France au mois de juillet suivant. Ce fut un moment merveilleux. Nous avions opté pour la région natale de Jesse, le Nord. Nos familles et nos amis avaient fait le déplacement des quatre coins du globe et du pays.

Nos amis canadiens avaient traversé l'Atlantique, ma mère était venue de la Côte d'Azur, ma sœur et le fils de Jesse, de Haute-Savoie… Je retrouvai également une de mes amies les plus chères, Grâce de Capitani, qui officiait ce jour-là en tant que témoin.

Mon départ pour le Canada, ma rencontre et mon mariage avec Jesse scellèrent ma réconciliation avec la vie. Mon époux n'a jamais baissé les bras lorsque parfois il m'arrive encore de connaître une petite baisse de régime. Il m'épaule, m'encourage et fait en sorte de m'éloigner de tout ce qui pourrait être néfaste pour moi.

Il m'arrive fréquemment de repenser à ce long parcours du combattant qui a duré près de 15 ans. Si je suis maintenant parfaitement équilibrée, je ne pourrai jamais renier mon histoire. Je ne pourrai jamais effacer la nuit où tout bascula. Je ne pourrai jamais revenir en arrière pour recommencer autrement. J'ai accepté cet héritage tragique. J'ai cessé de me demander pourquoi ça m'était arrivé à moi.

Nous discutons souvent, Jesse et moi, de ce destin particulier. Si j'ai cheminé seule pendant 12 ans, Jesse aura été mon inspiration pour effectuer les derniers pas vers cette réconciliation. Et ils ne furent pas les plus aisés.

Il osa me parler d'un aspect de la réconciliation auquel je n'avais pas encore pensé : le pardon.

Sur le moment, je fus choquée. J'eus pour la première fois la sensation que Jesse et moi n'étions pas sur la même longueur d'ondes. Pardonner ! Pardonner ? Comment pouvait-on pardonner ce que l'on m'a fait vivre ? Jesse ne boit pour ainsi dire jamais d'alcool, mais, ce soir-là, j'eus un doute. Je me demandais quelle mouche l'avait piqué.

Pourtant, encore une fois, il avait raison. Il m'expliqua que le pardon n'avait rien à voir avec l'approbation du geste qui avait été commis, mais qu'il s'agissait plutôt d'un exercice que je devais faire avec moi-même, que ce pardon me mènerait là où je voulais aller : vers une réconciliation totale avec la vie.

24

Le pardon

Un mot difficile à comprendre. Il peut prendre des sens très différents selon le contexte. La première définition qui nous vient à l'esprit, c'est celle du dictionnaire :

« *Le pardon est le résultat de l'acte de pardonner, la rémission d'une faute. C'est tenir une offense, une faute, pour nulle (et/ou l'excuser) et renoncer à en tirer vengeance.* »

Cela revient-il à dire à ses agresseurs : « OK, tout va bien, continuez à vivre sans vous en faire, je vais me débrouiller avec mes problèmes » ? Non. Pas du tout. C'est pourtant l'interprétation que j'en ai faite lorsque Jesse me parla pour la première fois du pardon.

La discussion que nous avons eue à ce sujet éveilla ma curiosité. Je voulais en savoir plus. Jesse est un homme trop intelligent pour lancer une telle idée en l'air.

Dans le cadre de mes recherches pour rédiger cet ouvrage, j'ai interrogé plusieurs psychologues. Le premier m'a signifié que la théorie du pardon n'était pas une bonne chose. J'en fus très troublée, mais cela me poussa à approfondir mes recherches à ce sujet. Je ne baissai pas les bras. Lors de ces recherches, j'ai beaucoup étudié les différentes sortes de pardon. Quelles en sont les définitions ?

Si l'on veut être complet, il faut explorer toutes les voies, la version psychologique, littérale et religieuse. Comme nous l'avons vu, dans sa version littérale, le mot « pardon » signifie excuser une faute. Et c'est sans doute cette définition qui est la plus difficile à accepter, car, dans ce sens, le pardon est impossible.

Au sens biblique du terme, pardonner a deux significations : quand il pardonne aux hommes, Dieu annule ou écarte le châtiment requis pour le péché. Lorsqu'ils se pardonnent, les hommes se traitent avec un amour chrétien et n'ont pas de mauvais sentiments à l'égard de ceux qui les ont offensés.

Le pardon est très important dans le christianisme. Dans les évangiles, le Christ pardonne les péchés. Dans ce contexte, le pardon correspond à renvoyer de l'amour à ceux qui offensent pour neutraliser le mal.

C'est l'abandon de l'idée de faire justice en partant du principe que le pardon est le premier pas offert par l'offensé aux offenseurs vers une possibilité de rachat et de rémission de la faute.

Cette notion ne guérit pas les malaises qu'une victime d'acte criminel pourra ressentir pendant des années. Ce pardon ne permet pas, seul, de se réconcilier avec la vie. Ce pardon-là va à l'encontre de la justice, car il équivaut à refuser de demander justice. Il est souvent imagé par celui qui reçoit une gifle sur la joue droite et à qui l'on dit de tendre la joue gauche. Je ne m'oppose pas au concept de cette vision du pardon. Il est tout à fait approprié dans le cas de fautes involontaires, mais certainement pas dans le cas d'une faute criminelle ayant de lourdes conséquences pour la victime.

Il reste la troisième notion du pardon : le sens psychologique. C'est cette notion dont voulait parler Jesse.

La cruauté de l'acte dont j'ai été l'objet, ses conséquences sur ma santé et ma vie dans les années qui ont suivi, le fait que l'acte ne devait pas rester impuni sont autant de vérités qui ne me permettaient pas de pardonner ce que l'on m'avait fait. Pourtant, le long cheminement ponctué par les souffrances, les hôpitaux, le procès, puis la rechute pour enfin déboucher vers la lumière n'aurait jamais été terminé sans ce pardon. Il est le point final de l'histoire, incontournable et indispensable.

Le pardon n'est donc pas un processus que l'on entreprend immédiatement après l'événement et il ne se résume pas à travailler sur soi pour se dire « Je pardonne, tout est terminé ». Au lendemain du choc, la victime est envahie d'une multitude de sentiments qui déferlent en vrac, qui prennent toute la place de ce qu'elle est capable de supporter.

N'allez pas parler de pardon à une femme agressée alors qu'elle n'a pas encore réalisé qu'elle était encore en vie, qu'au moindre bruit tous ses sens se mettent en alerte. Le désir de vengeance n'apparaît que plusieurs jours, voire plusieurs semaines après l'agression, et c'est ce désir naissant qui va grandir au fil du temps qu'il faut tuer.

La vengeance (comme la haine, la colère ou l'amertume) est un poison qui va vous hanter jusqu'à ce que vous l'ayez assouvie. Ce désir va vous enchaîner à votre colère et peser comme un fardeau qui vous fera courber le dos. La vengeance est une réaction émotionnelle, et le danger apparaît lorsque ce besoin légitime dans un premier temps se transforme en objectif passionnel et même parfois obsessionnel, ce qui dans ce dernier cas devient une névrose.

Le premier geste libérateur est de déposer plainte. Pourquoi libérateur ? Parce que le dépôt de plainte, c'est vous décharger en transférant le poids de la justice sur une institution qui va travailler pour vous.

Je ne dis pas que vous serez totalement libéré(e) en sortant du poste de police. J'aurais même plutôt tendance à affirmer que c'est un moment d'une extrême violence, car vous allez devoir raconter à des étrangers en détail ce qui vous est arrivé. Si, pour certains, le dépôt de plainte semble aller de soi, pour d'autres, c'est une épreuve supplémentaire à laquelle il est impossible de se plier.

Regardons les statistiques en France : chaque heure, près de 9 personnes sont violées, soit 205 viols par jour. Le nombre de viols serait de 75 000 par an, dont seulement 10 885 déclarés. Les tentatives de viol avoisineraient les 200 000. Selon les estimations, 90 % des agressions et tentatives d'agressions ne feraient l'objet d'aucune plainte. Pour la majorité de ces victimes silencieuses, cela revient à dire qu'elles ne pourront jamais se réconcilier avec la vie, car elles porteront toujours ce fardeau, jour après jour.

Réclamer justice ne constitue pas un acte de vengeance. Il s'agit d'un droit et même d'un devoir, au risque de déplaire. Loin de vous sera l'idée de vouloir agir pour le bien-être collectif lorsque vous effectuerez votre déposition, car la vie des autres vous importera peu, mais, en dénonçant vos agresseurs, vous éviterez peut-être qu'ils récidivent.

La plainte ne doit donc jamais faire l'objet d'une hésitation. Ne minimisez jamais l'acte dont vous avez été victime, même s'il ne s'agit que d'une « tentative ».

Une tentative est aussi grave qu'une « réussite », car, si elle n'est restée qu'à l'état de tentative, c'est souvent parce qu'un élément externe est venu contrecarrer les plans de votre agresseur. Si cet élément n'avait pas existé, votre agresseur aurait sans aucun doute transformé l'essai. Et la prochaine victime ne bénéficiera peut-être pas de ce coup de pouce du destin.

En conclusion, déposer plainte, dénoncer, en parler, constitue un premier pas vers la réconciliation et cela vous permettra de cheminer vers l'ultime étape : le pardon.

Pourquoi faut-il se débarrasser de son désir de vengeance ? La réponse est très simple : la vengeance génère un état de frustration et de colère tant que le mal n'est pas réparé. Pour les uns, la colère sera telle qu'elle réclamera une réparation démesurée comme la peine de mort.

À ce propos, j'en profite pour indiquer que la peine qui sera infligée à votre agresseur (ou vos agresseurs) ne sera, à vos yeux, jamais suffisante. D'autant qu'en France, comme dans de nombreux pays occidentaux, il existe une différence notable entre la peine prononcée et la peine purgée. Un individu condamné à 11 ans de prison pour avoir escroqué de nombreux épargnants canadiens pour un montant de plus de 50 millions de dollars a été libéré dernièrement après 4 ans d'emprisonnement. Cette libération anticipée a généré une violente colère chez les victimes qui, lors du prononcé de la sentence, n'avaient manifesté aucune forme de désapprobation. Cela signifie que la peine avait été acceptée par les victimes, mais que son application a soulevé une vague d'incompréhension.

***

Sans vouloir retomber dans l'utopique combat de vouloir changer la justice, il est clair qu'elle n'apporte pas toujours la réponse attendue. Dans mon cas, j'estimais, à l'énoncé de la sentence, que justice avait été rendue : reconnaissance de la culpabilité et durée des peines.

Lorsque j'ai compris que les coupables seraient probablement libérés avant d'avoir purgé la totalité de la sentence, un sentiment d'injustice refit surface. Comment progresser sur le chemin de la réconciliation ? Il me semble important que le législateur se penche sur ce problème.

Je comprends bien que la justice n'a pas que pour mission d'emprisonner des criminels. Elle doit aussi entreprendre, pour le bien collectif, de réinsérer ceux qui ont commis un crime et doit donc travailler dans ce sens en offrant aux criminels des outils afin qu'un jour ils puissent réintégrer la société. Ce que je déplore, c'est que toute cette énergie déployée au nom d'une réinsertion ne tient pas compte des torts causés à la victime. Elle est pour ainsi dire abandonnée à son sort dès que le président de la cour a asséné le coup de marteau clôturant le procès.

Les torts seront souvent irréparables, certes, et il faut se faire à cette idée. Mais comment accepter, pour une victime, de vivre avec ces séquelles jusqu'au dernier jour alors que ses agresseurs vont bénéficier de remises de peine leur permettant de retrouver la liberté avant l'heure ?

Quel message envoie-t-on aux criminels ? N'encourage-t-on pas la récidive ? Et comment une victime peut-elle recommencer à vivre normalement lorsqu'elle apprend par la bouche de son avocat que l'un ou l'autre de ses agresseurs a été remis en liberté avec anticipation ? Bénéficiera-t-elle aussi d'une remise de peine ?

Sans être contre un travail de réinsertion, je considère qu'il est important d'investir argent, temps et énergie dans le système judiciaire et surtout dans le système carcéral.

Comme dans la plupart des pays occidentaux, les moyens financiers manquent cruellement. Les prisons sont surpeuplées et c'est une bonne excuse pour libérer les prisonniers avant la fin du temps prévu.

Il est tout de même inadmissible que des dizaines de milliers de peines ne soient pas appliquées en raison de l'engorgement des établissements pénitentiaires.

Le gouvernement français a entrepris une réforme de l'application des peines d'emprisonnement qui soulève l'inquiétude des citoyens et cette crainte tout à fait justifiée.

Je ne suis pas sûre que cette réforme soit motivée par la noble cause de la justice, je pense plutôt qu'elle est lancée pour régler un problème purement logistique et pour tenter de freiner une situation devenue incontrôlable.

Lorsqu'une victime effectue la difficile démarche de déposer plainte, c'est dans le but que la justice fasse son travail, pas par esprit de vengeance. Sa première préoccupation est d'éviter que les faits ne se reproduisent. Elle est en droit d'attendre le respect des textes de loi. L'application des peines prononcées devrait pouvoir décharger la victime de ses craintes et la conforter dans sa confiance en la justice. Elle représente un pas important vers le pardon en lui évitant le poids du sentiment d'injustice. Pardonner n'est donc pas renoncer à ses droits.

Les témoignages de victimes sont nombreux et parfois poignants. J'ai sélectionné un témoignage anonyme qui démontre deux choses : le rôle majeur de la justice dans le processus et la signification exacte du mot pardon dans le cas d'une agression.

— Moi, ce que j'ai à pardonner, si je le pouvais, c'est un crime qui est resté impuni, car il a bénéficié d'une prescription. Comment faire ? Le coupable ne m'a jamais demandé pardon et je voudrais qu'il soit mis hors d'état de nuire. Malheureusement, je ne peux plus rien attendre de la justice. Le criminel est libre et le restera. Grâce à la prescription, il est totalement dédouané de l'acte qu'il a commis et doit sans doute bien rire aujourd'hui. C'est une situation très difficile à vivre et il ne me reste que la philosophie pour supporter ce qui représente à mes yeux la plus grande des injustices. J'applique ainsi, jour après jour le proverbe juif qui dit : « La meilleure des vengeances, c'est d'être heureux. »

Nous pouvons constater, dans ce témoignage, que le pardon à l'agresseur est impossible en raison de la prescription, et ce cas est loin d'être isolé. Faut-il en conclure que la vie de cette femme est gâchée à tout jamais et qu'elle ne pourra plus retrouver la quiétude ? Certainement pas ! Et heureusement, car cela signifierait que des dizaines de milliers de vies seraient perdues. Cela démontre que le pardon ne s'adresse pas aux criminels. Il convient plutôt de pardonner au destin.

Laissons les criminels face à leur conscience. Leur vie ne nous appartient pas. Comprendre cela va vous ouvrir de nouvelles voies d'exploration.

Jesse m'a beaucoup aidé sur ce point. Ayant lui-même vécu une histoire très pénible, il passa des heures entières à me faire comprendre sa vision des choses. Si, au départ, j'avais beaucoup de difficulté à accepter ce qu'il me disait, il a fini par me faire entendre raison.

Selon lui, une personne qui agit volontairement mal niera toujours les faits et cherchera à obtenir une reconnaissance de son acte. Elle se cherchera des prétextes ou des alliés. Elle manipulera, elle justifiera avec des arguments plus ou moins sensés (deux de mes agresseurs n'ont-ils pas prétexté que j'étais consentante et que, après tout, je ne m'étais pas débattue ?), un comportement absolument révoltant aux yeux de la victime.

Malheureusement, nous sommes impuissants face à la mauvaise foi de celui ou celle qui a commis le geste répréhensible. Jesse pense que le pardon commence par le lâcher-prise :

— Je préfère être victime qu'agresseur parce que cela me permet de garder une conscience propre. Lorsque je suis victime, je peux agir pour régler le problème et tourner la page. Mes valeurs ne changent pas et je continue d'agir pour le bien, même si je suis blessé. Par contre, l'agresseur, même impuni par la justice, doit composer avec sa conscience, car je soutiens que ceux qui agissent mal le savent en leur for intérieur. Et la punition ultime, c'est d'être confronté à sa propre conscience. Un jour, leurs fantômes finissent toujours par revenir frapper à leur porte. Si la justice des hommes est impuissante, la justice divine finira par frapper.

Lorsqu'il parle de justice divine, cela n'a aucun rapport avec la foi en une religion. Il considère plutôt que le divin est la flamme de vie qui nous anime.

Après réflexion, j'ai approuvé ce concept d'une justice supérieure à celle des hommes qui comporte, nous venons de le voir, de nombreux vides et qui n'apporte pas toujours une réponse satisfaisante aux victimes.

Que nous soyons ou non satisfaits de la justice des hommes, la justice « divine » est une alternative psychologiquement très puissante pour trouver le réconfort nécessaire à une réconciliation avec la vie.

***

S'il est impossible de pardonner aux agresseurs, alors, comment trouver la voie du pardon ? C'est en fait le temps qui est la clef du pardon. Le temps dilue les émotions et les ressentiments.

Les premiers jours, la douleur est si vive qu'il est impossible de l'ignorer. Elle mobilise toute notre attention. Plus rien n'existe vraiment. Penser au pardon ne vous effleure même pas.

Une fois cette douleur estompée, c'est la colère qui s'installe ; parfois elle sera doublée du désir de vengeance et d'une multitude de sentiments négatifs. Le pardon, c'est évacuer ces chaînes qui vous ramènent inexorablement sur l'événement et qui vous empoisonnent au point d'être enfermé(e) dans un cercle vicieux.

Nous avons parlé précédemment de l'acceptation qu'il ne faut pas confondre avec le pardon. L'acceptation, c'est la reconnaissance de son état et la sortie du déni. Elle permet de réagir, de prendre les bonnes décisions pour avancer, mais elle ne vous affranchira pas de la colère.

Le pardon, lui, le fera. Il est la réconciliation avec son propre destin. Le pardon avec soi, c'est se dire : « Voici mon histoire. Elle est différente de ce que j'avais imaginé et j'accepte de vivre avec ce qui est arrivé. »

Cette petite phrase, je la prononce souvent. Elle me permet de sourire à la vie, de me libérer et même de trouver un sens à mon drame. Cela ne veut nullement dire que je choisirais de le revivre si on me donnait la possibilité de revenir en arrière, mais il faut composer avec l'aspect inéluctable du destin.

Se pardonner commence par se décharger de la culpabilité. C'est se dire : « Je n'y suis pour rien. » C'est ensuite accepter les faits. Enfin, c'est se libérer de toute colère et regarder l'avenir plutôt que le passé.

Je n'avais, pour ma part, pas encore pardonné lorsque j'ai rencontré celui qui serait mon époux. Je vivais encore des phases de colère intenses et incontrôlables.

Jesse tentait de m'apaiser en essayant de me persuader que la vie s'ouvrait maintenant devant moi. Il n'avait pas tort et trouvait généralement les bons arguments permettant de désamorcer ces petites crises.

Petit à petit, et sans doute grâce à une communication exemplaire, les moments de rébellion se sont espacés pour disparaître totalement. Lorsque j'ai commencé à parler de l'éventualité d'écrire un livre qui s'adresserait aux traumatisés et à leur entourage, Jesse a suggéré le titre *Se réconcilier avec la vie*. J'ai trouvé cette idée formidable, car, à lui seul, ce titre représentait la lumière après l'ombre. Le mot « réconciliation » est synonyme du mot « pardon ». Et ce livre aurait pu être un livre blanc dans lequel chacun aurait pu écrire sa propre histoire et son propre cheminement menant vers le pardon.

J'étais très motivée par cette entreprise. Au fur et à mesure de ce travail d'écriture, j'ai trouvé mon propre pardon. Ce livre est le résultat de mon histoire.

Sa vocation est de permettre à celles et ceux qui ont

été blessés de se poser les bonnes questions lors des différentes étapes de leur destinée et à leur entourage de mieux comprendre ce à quoi ils doivent faire face. Il est écrit dans mes mots et fait référence à mon expérience, il est le symbole d'une possibilité de pardon.

Un jour, enfin, on se sent plus léger, libéré de son ressentiment, de ses envies de vengeance, de son statut de victime. A-t-on oublié son agresseur ? Non, ni ce que l'on a subi, mais nous ne sommes plus obnubilés par le passé. Nous pouvons alors pardonner, sans amertume.

Le pardon est là précisément pour pardonner ce que nulle excuse ne saurait excuser.

25

La victoire de la lumière

Aujourd'hui, je vis au Canada, mais j'aurais pu vivre n'importe où dans le monde, cela n'aurait rien changé. Ma vie a beaucoup évolué depuis Noël 1999. Je suis une femme mariée, j'ai des projets, j'ai des amis et je ne vis plus dans le passé. Je suis maintenant capable de parler de mon histoire sans ressentir de colère ni de haine envers mes agresseurs ou la justice.

J'entretiens de nouveau une relation harmonieuse avec mes proches : ma mère que je vois régulièrement, mon père qui est toujours présent à sa manière, ma sœur Sandrine qui peut enfin respirer en constatant que j'ai repris mon envol, mon frère Romain qui a une place toute particulière dans mon cœur et mon frère Davy. J'ai aussi renoué avec d'anciens amis et je m'en suis fait de nouveaux.

Il y a deux ans encore, j'étais au bord du précipice et je ne croyais pas pouvoir surmonter mon épreuve. Me voici pourtant de retour dans la lumière. J'ai d'ailleurs emprunté le titre de ce chapitre au troisième roman de mon époux. Un titre évocateur qui scintille comme un slogan.

Ma réconciliation avec la vie, c'est d'abord la victoire d'avoir eu la vie sauve en adoptant un comportement purement instinctif que j'assume pleinement et avec lequel je me sens en paix.

C'est l'abandon de la culpabilité, mon combat pour que justice soit rendue, c'est l'acceptation des faits et des traitements qui m'ont permis de me réparer. C'est ma rencontre avec mon époux et l'acceptation de vivre cette relation sans la craindre.

Le temps est votre allié. Les minutes s'étirent comme des siècles à certains moments, et le temps s'accélère comme un fou à d'autres.

Mais, quelles que soient les difficultés que vous éprouvez, gardez votre cap, puisez dans les ressources à votre disposition pour vaincre. Il faut persévérer et poursuivre coûte que coûte. Nous éprouvons tous des difficultés, que ce soit dans la vie amoureuse, la vie professionnelle ou sociale, c'est ce qui la rend palpitante. Transformez ces difficultés en défis, rebondissez et ne soyez pas trop dur avec vous-même.

J'ai recommencé à vivre le jour où j'ai décidé de cesser de survivre. Ces mots pourraient susciter une interrogation : comment fait-on pour *décider* de cesser de survivre ? Peut-on vraiment *décider* ce genre de chose ? À cela, je réponds oui. Il s'agit bien d'une décision, celle de reprendre en main la maîtrise de son destin. Cesser de se laisser ballotter par les événements, se réapproprier ce qui nous appartient.

La survie est un état passager et qui doit absolument le rester, le temps de retrouver son souffle. Elle est instinctive et supplante nos réactions normales, mais, lorsqu'elle n'est plus nécessaire, elle doit redonner les rênes à la vie. Il est facile de se réfugier dans la perte de contrôle, mais c'est un piège qui ne fera que vous immerger dans un univers sans consistance.

Dès que vous le pourrez, DÉCIDEZ de sortir de cet état. Soyez positif, car il est bon d'entretenir cette attitude au quotidien pour retrouver la confiance en soi.

Le pouvoir du coaching

Bien longtemps après m'être réapproprié ma vie, et dans le cadre de l'écriture de ce livre, j'ai contacté une des amies de mon époux : Pascale Piquet, coach de réussite, conférencière et auteur de plusieurs livres sur la dépendance affective, afin d'avoir son avis sur les éventuelles méthodes de coaching permettant de se reprendre en main.

Finalement, elle m'a proposé, pour mieux comprendre les mécanismes du coaching, de suivre une séance avec elle, ce que j'acceptai avec plaisir.

Avant de commencer, elle me précisa que cette séance serait menée dans le but de me préparer à donner des conférences après la publication de ce livre, mais que cette méthode pouvait parfaitement être appliquée à ceux et celles qui ont vécu un drame. Les méthodes employées peuvent venir en complément de travaux de psychologie.

Le but de ce coaching est de prendre le contrôle de ses émotions pour atteindre la confiance menant vers la réussite et faire en sorte que ce contrôle reste ancré pour devenir une seconde nature.

Pascale Piquet m'expliquait que cette confiance résidait déjà en moi et que l'objectif était de l'exploiter. Les bases fondamentales de notre travail seraient axées sur l'environnement, le comportement, les capacités, les valeurs et les croyances.

La méthode employée reposerait en premier lieu sur des exercices de reprogrammation intellectuelle permettant de faire ressurgir les bons moments de la vie passée et d'évacuer les mauvais souvenirs.

L'environnement est le cadre principal de votre vie : votre appartement ou votre maison, votre vie amoureuse, votre vie professionnelle, vos amis, votre famille... La première question est de définir ce qui dans votre entourage est négatif.

Cette analyse faite, le travail consiste à se détacher de ce qui est toxique pour ne conserver que le bénéfique.

L'axe comportemental consistera quant à lui à modifier sa façon d'appréhender les choses et les mots ainsi que son attitude vis-à-vis des autres. L'objectif est de renforcer son identité en retrouvant l'estime de soi et la fierté de ce que nous sommes.

Sur le plan des capacités, nous avons mis en lumière tout ce qui me rendait fière. Cet exercice permet de se revaloriser, de se découvrir des capacités d'exécution puisque nos fiertés sont souvent le résultat d'un travail. C'est aussi l'occasion de se réapproprier ses victoires, car, faut-il le préciser, nos victoires nous appartiennent et elles sont inaliénables.

Ces réussites doivent refaire surface, car il n'est pas rare que, dans nos périodes de déprime, nous nous dévalorisions à tel point que nous renions ces réussites ; nous les enterrons dans un coin de notre esprit jusqu'à oublier qu'elles sont pourtant inscrites à notre palmarès.

Nous avons ensuite travaillé sur la valeur des choses ainsi que sur les croyances. Bref, nous avons fait un état des lieux de ma personnalité, la vraie, celle que j'avais enfouie.

Le coaching offre une vraie délivrance pour peu que l'on s'investisse. Le travail effectué est tourné vers ce qui est positif en nous.

Il n'est pas question de procéder à des changements radicaux, mais plutôt de se réconcilier avec soi, de mettre en valeur nos capacités à avancer. C'est un peu comme si vous exploriez votre univers intérieur pour y redécouvrir les pépites que vous y avez enterrées.

L'agression provoque une forte dévaluation de soi, une remise en question de nos valeurs et un balayage presque total de nos repères. Cela laisse un vide dans lequel il n'est pas rare que l'entourage cherche à s'engouffrer. Le coaching est une merveilleuse méthode pour reconstruire le désert qui nous entoure.

Toutefois, je vous rassure : je n'ai pas attendu Pascale Piquet pour rencontrer mon mari et renouer avec le bonheur et l'envie de vivre.

J'avais déjà effectué un bon bout de chemin, mais cette séance de travail m'a permis de réaliser que le coaching pouvait être très bénéfique en complément des circuits traditionnels que sont la psychiatrie et la psychologie.

Selon Pascale Piquet, nous sommes hantés par une dualité opposant l'enfant et l'adulte qui sont en nous. Cette dualité, un véritable combat silencieux, nous fait parfois déraper. Nous accumulons des sentiments, des peurs, des colères que nous n'avons jamais résolus ou évacués. Le travail effectué permet de redevenir adulte et de neutraliser notre combat intérieur. Il débouche sur une belle harmonie.

26

Réconciliation avec la vie

Dans les chapitres précédents, nous avons pu voir les grandes lignes du cheminement qui mène vers la grande réconciliation. Si aujourd'hui j'estime y être enfin parvenue, il est difficile de définir à quel instant précis on peut lancer un grand soupir et se dire : « Me voici enfin tirée d'affaire. »

Mon histoire m'appartient, elle est particulière et ne ressemble certainement pas à la vôtre. Qu'à cela ne tienne !

Pour être honnête, il n'existe aucune recette miracle garantissant de pouvoir un jour rebondir. Chaque drame est différent, chacun doit composer avec le bagage de son éducation, celui qui est acquis pendant l'enfance. Chacun a des sensibilités différentes, des valeurs qui se rejoignent ou divergent.

Je n'ai pas la prétention de partager les clefs d'un grand secret qui permettraient à l'humanité de vivre en paix et ce n'est pas le but de ce livre. Je considère plutôt ces pages comme une trousse de maquillage dans laquelle la majorité des victimes de drames trouveront, en fonction de ses besoins, un rouge à lèvres, une brosse à cheveux, un fond de teint...

Cet ouvrage n'a pas non plus la prétention de creuser en profondeur chaque piste menant vers un mieux-être.
Je ne suis ni psychologue, ni psychiatre, ni experte et j'estime donc ne pas être légitime pour ce genre de chose.
Ce travail de rédaction répond à un désir de guider celles et ceux qui ont été ou seront un jour confrontés à leur destin de manière violente, inattendue et inéluctable. J'effleure beaucoup de sujets, je les chuchote afin d'insuffler l'idée d'aller chercher de l'aide auprès des bonnes personnes qui pourront vous prendre en charge et vous accompagner jusqu'à l'étape suivante.
Je ne suis au fond que le témoin d'un drame qui fut le mien. Et, comme pour tout drame, toute catastrophe, tout accident, les témoignages permettent non seulement d'expliquer ce qui s'est produit, mais aussi de nous préparer à d'autres événements dramatiques.
Ainsi, je laisse un héritage qui permettra, je le souhaite du fond du cœur, d'aider les autres et qui donne un sens à ces pages.

Mon histoire étant maintenant connue de tous, il est très fréquent que je sois contactée par des associations ou des victimes et que l'on sollicite mon aide.
Au début, je refusais systématiquement pour plusieurs raisons : je n'en avais pas la force, j'étais encore préoccupée par mon cas et ma réconciliation, et je n'étais pas sûre de pouvoir apporter cette aide de manière constructive. Bref, je ne me sentais pas prête. J'avais moi-même encore

du chemin à parcourir, j'étais aussi à la recherche de mon Graal. Apporter de la sympathie au cas par cas était plus qu'épuisant et devenait littéralement envahissant.

Écrire ce livre au bon moment, c'est-à-dire lorsque je m'estime enfin prête, me permet de faire passer un message général. J'insiste sur le fait que mon histoire n'est pas celle de tous. Elle n'est qu'une base de travail, et mon cheminement s'applique à mon cas. Cela dit, je considère que les étapes que j'ai franchies peuvent constituer un itinéraire permettant de progresser, d'évoluer, de mettre des mots sur des émotions que l'on ne comprend pas quand on est dans le feu de l'action.

J'ai volontairement structuré cet ouvrage de manière chronologique depuis le soir du drame jusqu'à mon arrivée au Canada en offrant au fur et à mesure une brève analyse des moments clefs de mon cheminement.

Les pistes sont nombreuses et celles que j'ai suivies ne constituent pas une liste exhaustive. Chacun peut explorer d'autres voies et appliquer celles qui lui sembleront adaptées.

Pour ma part, j'ai dû suivre un traitement médical éprouvant pour prévenir une éventuelle infection par le virus du sida ; j'ai ensuite vécu la préparation du procès avant de connaître la rechute suite à une crise de décompensation. Ce résumé peut paraître très sommaire, mais il représente les grandes lignes de mon parcours.

D'autres vont vivre des émotions totalement différentes des miennes. Il n'existe pas de parcours type, il n'y a que des histoires uniques. Le traumatisme va se révéler de manière différente et demander un suivi propre à chacun.

Réconciliation avec la vie

Il m'aura fallu près de 15 ans pour me réconcilier avec la vie. Quinze ans, c'est un lourd tribut à payer pour un drame qui n'a duré que trois heures.

C'est plus long que les peines qu'on a infligées à mes agresseurs et qu'ils ont purgées.

Je pourrais encore aujourd'hui replonger dans l'amertume, pester contre ce coup du sort et me rebeller jusqu'à l'épuisement. Mais cela ne ferait qu'allonger d'autant ma peine.

Se réconcilier, c'est se défaire définitivement de cette amertume, c'est regarder l'avenir avec confiance. Avec tout ce que je sais aujourd'hui, j'estime que ces 15 années auraient pu être nettement réduites et c'est aussi l'objectif de cet ouvrage : faire en sorte que votre chemin de croix dure moins longtemps que le mien.

Afin d'offrir à mes lecteurs un témoignage dans lequel ils se reconnaîtront, j'ai rencontré de nombreuses personnes pour ne pas offrir une histoire trop « personnelle ».

Ainsi, des psychothérapeutes, des psychiatres, des coaches et des victimes m'ont apporté leur vision du chemin à entreprendre pour aboutir à une réconciliation. Plusieurs de ces témoignages m'ont particulièrement bouleversée. Qu'il s'agisse d'agressions, de violences conjugales, de tentatives de meurtre et que sais-je encore, chacun de ces récits débouche sur le même constat : il est difficile de se faire entendre et de trouver les bonnes ressources.

Quelques phrases positives à se répéter le plus souvent possible :

- Le passé ne m'atteint plus, je suis fort(e), calme, serein(e) et en paix avec moi-même.
- J'ai confiance en moi.
- J'ai confiance en la vie.
- Le bonheur m'habite.
- Je savoure le présent ici et maintenant.

27

Des outils à notre disposition

Pour combattre le traumatisme, il existe de nombreuses voies et aucune ne se suffit à elle-même.

Certaines sont absolument nécessaires, comme la médecine pour soigner le corps, et la psychiatrie et la psychologie pour soigner l'âme.

De nombreux concepts et méthodes sont proposés, les uns plus porteurs que d'autres, certains controversés, d'autres plébiscités. Il n'existe pas de méthode universelle permettant de tout régler. Je n'écarte pas non plus la possibilité que certains traumatismes ne puissent jamais être résorbés, ce qui est la pire des éventualités.

Sans dresser une liste exhaustive de tous les outils existants, voici les différentes pistes qui méritent d'être explorées par celles et ceux qui auront un jour à se réconcilier, quelle que soit l'origine de leur traumatisme.

L'indispensable médecine

J'inclus dans ce paragraphe la médecine traditionnelle (qui permet de soigner les traumatismes physiologiques) et la psychiatrie (qui va traiter le comportement grâce à une médication chimique et ainsi combler les déficiences neurologiques d'origine pathologique).

Si la médecine traditionnelle (médecine générale, traumatologie, etc.) est, aux yeux de tous, tout à fait justifiée, la psychiatrie est souvent mal perçue et constitue un sujet tabou ou peut provoquer la honte. Parler d'une visite chez son médecin n'a rien de gênant, mais confier que l'on consulte un psychiatre peut être ressenti comme un aveu de folie ou de déséquilibre.

La psychiatrie a fait d'énormes progrès durant les dernières décennies. La recherche neurologique a permis de mettre au point des traitements permettant de pallier des traumatismes et de corriger leurs symptômes.

On est loin des traitements barbares appliqués dans le passé tels que les trépanations, les électrochocs ou encore les traitements à l'insuline (cures de Sakel).

La réputation des psychiatres n'est pas très brillante. Nous avons tous cette image du médecin froid, assis dans un fauteuil confortable et prenant des notes pendant que vous êtes allongé(e) sur un canapé. Cette vision est totalement tronquée. Les psychiatres que j'ai rencontrés n'ont certes pas démontré une grande compassion à mon égard, mais était-ce leur rôle ? J'ai mis du temps à comprendre que leur mandat est purement médical. Leur mission est d'évaluer, de diagnostiquer et de proposer un traitement, pas de vous reconstruire psychologiquement. J'ai constaté que beaucoup confondent encore la psychiatrie et la psychologie ; ce sont pourtant deux choses très différentes.

La psychothérapie

La psychothérapie n'est pas considérée comme une discipline médicale à proprement parler, mais plutôt comme une science de la vie. La principale raison, c'est que les psychothérapeutes ne prescrivent pas de médicaments. En revanche, vous vous sentirez pris(e) en charge de manière très humaine. On vous interrogera et on vous guidera pour surmonter votre traumatisme.

J'ai pour ma part bénéficié d'une thérapie salutaire. La communication s'est rapidement établie dans une ambiance décontractée. Je retrouvais dans ce bureau une chaleur que je n'avais pas décelée chez mon psychiatre.

La psychiatrie et la psychothérapie sont complémentaires, et je pense que ces deux formes de thérapie sont du domaine de la nécessité incontournable.

À elles deux, elles suffiront peut-être à vous remettre sur les rails, si votre traumatisme n'est pas trop profond et qu'il n'a pas ébranlé les fondements de votre personnalité et de vos valeurs de référence. Parfois, cela n'est toutefois pas assez et il faut alors se tourner vers d'autres ressources qui pourront compléter le travail effectué.

***

L'eye *movement desensitization and reprocessing* (EMDR)

J'ai déjà parlé de ce type de thérapie dans le chapitre intitulé « Le pouvoir de la résilience » et je ne reviendrai pas en détail sur cette technique. Bien que parfois fortement critiquée, elle a eu sur moi des effets très bienfaisants. Elle m'a par exemple permis de chasser mes cauchemars, de dédramatiser et de reprogrammer la perception que j'avais de ma vie. Elle m'a aussi permis de franchir l'étape de l'acceptation.

La méditation

J'ai effectué quelques exercices de méditation avant ma rechute, mais qui ne m'ont pas permis d'éviter de sombrer à nouveau. J'ai ensuite repris cette pratique à Annecy, alors que je venais de m'installer dans un environnement plus propice et que j'avais surtout la farouche volonté de m'en sortir par tous les moyens.

L'intérêt de la méditation, c'est qu'il existe une multitude de ressources facilement accessibles : bibliothèques, Internet, librairies.

J'ai personnellement suivi la méthode proposée par Oprah Winfrey et Deepak Chopra. Une méthode en anglais, certes, mais très intéressante.

Je conseille également les livres de Louise Hay, une Américaine reconnue dans le monde entier qui a été traduite en français.

L'hypnose

Basée sur un ralentissement de la respiration, l'hypnose vous permet d'atteindre un état de semi-conscience. J'ai testé ce type de travail beaucoup plus tard après les faits, alors que j'étais déjà réconciliée.

À la faveur d'une rencontre fortuite, j'ai suivi quelques séances d'hypnose qui m'ont permis de découvrir qu'au fond de mon esprit, il existait encore des zones de paix et de sérénité. L'hypnose telle que je l'ai pratiquée ne m'a pas guérie. Elle m'a permis par contre de franchir plus facilement des moments de grand stress ou de reflux de tristesse.

On peut aisément pratiquer l'hypnose seul à n'importe quel moment de la journée. Il suffit de se réfugier dans une pièce calme et confortable et de travailler sur sa respiration jusqu'à atteindre un état de bien-être total.

Les sports de combat

J'ai pratiqué le kick boxing sans penser un seul instant que cela m'aiderait. Je me suis dirigée vers cette discipline avant tout pour pouvoir me défendre en cas de nouvelle agression.

En fait, j'ai rapidement découvert que le kick boxing avait un autre effet positif : cette discipline m'a aidée à retrouver confiance en moi.

Elle me permettait également de décharger les bouffées de colère et de stress accumulées.

Dans mon cas, ce fut le kick boxing, mais je pense que tous les sports de combat ou les sports demandant un effort court et violent, l'athlétisme par exemple, peuvent procurer une sensation identique. Après mes entraînements, je me sentais pleine d'énergie positive et très sûre de moi.

Programmation neurolinguistique et psychologie neurolinguistique (PNL)

La programmation neurolinguistique ressemble beaucoup au coaching, mais a d'abord été employée dans le cadre de la psychothérapie.

Comme son nom l'indique, c'est un travail permettant de reprogrammer notre vision de soi pour régler des problèmes spécifiques. On utilise d'ailleurs cette méthode pour soigner une phobie. Elle peut être aussi employée au sein de cadres divers, aussi bien personnels qu'en entreprise, dans le marketing, la vente, la pédagogie, la performance sportive ou encore la séduction.

Les méthodes désignées ci-dessus ne constituent que des solutions complémentaires. Elles ne remplacent en aucun cas la médecine traditionnelle et la psychiatrie. Elles seront également complétées par l'apport de l'entourage, mais, ayant été moi-même le centre du problème, il me serait difficile de m'exprimer à ce sujet.

D'autre part, l'entourage peut parfois être également victime du traumatisme. Jean-Pierre Escarfail, père d'une victime de Guy Georges, en est le parfait exemple. Il a d'ailleurs écrit un témoignage poignant sur son histoire intitulé *Pour ma fille, victime d'un tueur en série* chez Ramsay, une lecture que je vous conseille vivement.

28

L'Œil extérieur

(par J.-C. Bataille)

Lorsque Cynthia m'a demandé de conclure son témoignage, j'ai tout d'abord refusé. Je ne voulais pas interférer dans son récit et je n'étais pas certain qu'un apport de ma part serait nécessaire. Après réflexion, je me suis dit que, puisque j'étais devenu le témoin de son parcours, je pouvais peut-être apporter une contribution à cet ouvrage en offrant un regard extérieur, celui de l'entourage.

C'est le hasard qui a mis Cynthia sur ma route en 2010. Vivant au Canada depuis dix ans et détaché des affaires métropolitaines, je n'avais pas entendu parler de son histoire. À cette époque, je sortais moi-même d'une histoire qui m'avait contraint à remettre en cause beaucoup de mes convictions.

Je sortais d'un processus de remise en question de trois ans. J'en étais presque encore à évaluer les dégâts. Autant dire que j'étais bien loin de chercher une quelconque compagnie. Mais c'était sans compter sur le destin qui a cette fâcheuse habitude de jouer, et nous ne pouvons que le contempler dans son œuvre.

D'ailleurs, en parlant de destin, comment ne pas le saluer, ce grand horloger ? À plusieurs reprises, la vie de Cynthia et la mienne auraient pu et même auraient dû s'entrechoquer. En 1991, je vivais à quelques kilomètres de chez elle, dans le sud de la France. En 2006, nous étions à quelques stands de distance au Salon du livre de Montréal. Et, lors de son passage à Annecy, nous aurions pu nous croiser sur les bords du lac à la faveur d'une visite à mon fils qui vit à 15 kilomètres de là.

Ajoutons à cela la similitude de notre parcours professionnel puisque nous avons exercé tous deux le métier de journaliste et que nous avons également publié plusieurs livres. Bref, le hasard n'existe pas ! Et s'il demeure encore parmi vous quelques esprits trop cartésiens ou circonspects pour y croire, ils ne pourront qu'approuver ma vision de la chose si je leur dis que Cynthia et moi partageons la même date de naissance (ce qui nous évite bien des soucis en cas d'oubli), nos sœurs respectives ont également ce point commun, ainsi que nos nièce et neveu.

Je n'eus vent du drame vécu par Cynthia qu'un peu avant de prendre contact avec elle. Notre amie commune qui est à l'origine de cette rencontre m'avait plus ou moins mis au parfum, et je dois bien avouer que cette histoire terrible m'avait laissé au départ plutôt dubitatif.

Sans douter de la véracité de ce qui venait de m'être confié, j'avais beaucoup de mal à croire que cela puisse arriver à la fille de l'un des chanteurs les plus populaires de l'Hexagone. La surprise passée, je fus envahi par une profonde compassion, mais ce ne fut pas ce sentiment qui guida ma main lorsque je lui envoyai un premier message.

Je fus plutôt inspiré par la générosité, par un élan amical désintéressé et je n'attendais pas vraiment une réponse.

Pendant plusieurs mois, nous dûmes nous résigner aux limites des messages électroniques et du téléphone pour entretenir ce lien d'amitié. Nous passions plusieurs heures quotidiennement, reliés par le seul bon vouloir des opérateurs téléphoniques. Des heures au cours desquelles nous abordions toutes sortes de sujets. Et quand ces heures s'étiraient jusqu'à la nuit, il arrivait que nos conversations prennent des allures de confidences.

Ces échanges devinrent finalement des rendez-vous attendus qui ne furent pas étrangers à un rapprochement dépassant l'amitié originelle. Cynthia ne me parlait pas beaucoup de son drame et, par précaution, j'évitais le sujet. Nullement curieux, je lui laissais le soin de l'aborder lorsqu'elle serait prête à le faire. Paradoxalement, elle m'envoya après quelques jours seulement par voie électronique le manuscrit de son premier livre *Appelez-moi Li Lou*, ouvrage que je n'eus jamais le courage de lire.

Je me rappelle très bien avoir enregistré le fichier sur mon disque dur, l'avoir ouvert, puis refermé après en avoir lu seulement quelques mots.

La première fois que nous parlâmes du drame, ce fut au cours de notre première vraie rencontre, à Montréal. C'était un soir, nous partagions un verre de vin, nous écoutions une musique relaxante, et je ne peux plus dire qui a entrepris la conversation. Ce qui me frappa immédiatement, ce fut la neutralité de sa voix lorsqu'elle me raconta les grandes lignes de ce qu'elle avait vécu.

Je ne relevai aucune colère ni amertume, ce qui m'impressionna beaucoup. Je n'osai pourtant pas poser de questions. Je ne cherchai pas à obtenir de détails. Je ne savais trop comment m'y prendre. J'étais pour la première fois confronté à la réalité.

Elle me parla aussi de sa relation avec son père, me fit part d'inquiétudes qui la hantaient, de ses grands doutes sur son avenir, mais tout cela de manière digne. Je découvrais devant moi toute la fragilité d'une femme happée par le destin, doublée de la force d'une combattante loin d'être résignée à déposer les armes.

Je fus submergé d'un mélange d'émotions et pris conscience de l'immensité de la confiance qu'elle m'offrait. Je la serrai dans mes bras sans oser prononcer le moindre mot, l'enveloppai d'un manteau de tendresse.

Notre plus grande chance fut de n'être ni Cynthia ni moi à la recherche d'une relation. Cela permit au naturel de servir de fondation à l'histoire qui nous attendait et nous évita tous les pièges reliés à une idylle naissante.

Nulle place pour la passion et ses flammes brûlantes ; elle nous aurait immanquablement détruits lorsque nous devions nous séparer par des milliers de kilomètres.

Ce naturel nous offrit un équilibre sans fioritures, une force tranquille nous permettant de franchir allégrement les mois qui nous séparaient de nos promesses de retrouvailles.

Ce naturel si caractéristique, car rare, prenait la forme d'une transparence de tous les instants dans nos conversations. Cynthia m'avait quelquefois parlé de ses difficultés à accorder sa confiance aux hommes. Jamais elle ne me cacha que, par le passé, elle fuyait dès l'instant qu'on lui proposait d'entreprendre une relation sérieuse, ce à quoi je lui répondais toujours que j'avais donc beaucoup de chance. Nos cœurs comme nos âmes se ressemblaient beaucoup et c'est encore une fois avec naturel que nous parlâmes de l'avenir.

La distance qui nous séparait aurait pu devenir un obstacle infranchissable pour beaucoup. Si à cette époque elle provoquait des larmes de tristesse lorsque nous nous séparions et des larmes de joie à l'heure des retrouvailles, je considère aujourd'hui que cette distance avait quelque chose de très positif. Elle est même peut-être la clef de notre réussite, car elle nous a contraints à prendre une décision.

Si l'Atlantique ne nous avait pas séparés, nous aurions sans doute pris plus de temps et fini par hésiter. De plus, l'humanité a ceci d'étonnant qu'elle a tendance à nourrir des échanges banals dans la proximité du quotidien. Nos conversations téléphoniques, véritable cordon ombilical qui nous permettait de garder le contact, ne sombrèrent jamais dans ce type de morosité. Nous attendions avec impatience la sonnerie du téléphone et nous avions toujours quelque chose d'important à nous dire.

J'ai toujours été très attentionné envers Cynthia. Je lui prêtais une oreille attentive, j'essayais d'anticiper toute chose et je ne me forçais en rien. Cynthia réveillait en moi un instinct protecteur, elle me permettait de prendre des initiatives sans pour autant basculer dans le despotisme.

Aussi, lorsque nous prenions une décision, je m'empressais de prendre les dispositions nécessaires pour atteindre nos objectifs. J'adoptais une attitude très souple afin de lui permettre de s'exprimer, car je craignais parfois qu'elle agisse uniquement pour me faire plaisir en s'oubliant.

La décision prise de nous rapprocher, je pris donc les choses en main. Je préparai son arrivée au Canada et lui offris un bon coup de main pour son départ de France. Huit mois après notre première rencontre, nous partagions le même appartement et nous mettions sur pied de grands projets.

Le drame vécu par Cynthia n'a jamais handicapé mes rapports avec elle. Il m'a incité à être prudent pour éviter de provoquer une discussion ou un événement qui pourrait faire ressurgir des souvenirs pénibles, mais il ne s'agissait pas là d'un exercice contraignant.

La décision du mariage fut prise naturellement. Elle répondait à une vision commune d'engagement, et Cynthia se prêta au jeu durant les préparatifs sans jamais émettre ou laisser paraître la moindre hésitation. J'ai même constaté, au fur et à mesure que la date fatidique approchait, que son degré d'épanouissement grandissait.

Fut-ce un pas de plus vers la réconciliation ? Certainement. Ce mariage inespéré lui permettait d'aboutir à un rêve qu'elle avait abandonné, tout comme moi d'ailleurs. C'est peut-être ce rêve retrouvé qui nous a poussés à faire les choses en grand. Je voulais que cette journée efface tous les mauvais moments et que son intensité supplante celle de cette nuit de Noël 1999.

À une journaliste de *Paris-Match* qui me demandait comment j'avais rencontré Cynthia, je répondis :

— Cynthia est une étoile tombée du ciel. Je me suis baissé, je l'ai ramassée.

Cette phrase résumait parfaitement l'état d'esprit qui m'habitait. Cynthia méritait tout le bonheur du monde. Elle était une princesse intemporelle à la destinée tragique. Si j'avais eu une baguette magique et que j'aie été un mage aux grands pouvoirs, j'aurais d'un simple coup balayé toute la misère qui lui fut infligée.

Mais cela ne se produit que dans les contes, et la vie est malheureusement implacable. Elle ne nous propose pas de nous soustraire à notre destin, elle nous confronte à nos réalités. Cette affirmation n'a rien de fataliste, elle est une vérité qui vous ramène sur terre. Le rêve est un univers dans lequel nous pouvons nous réfugier, mais le rêve est inexorablement suivi du réveil.

L'histoire de Cynthia m'a passablement ébranlé lorsque je l'ai apprise, avant même que nos cœurs se rapprochent. J'ai rapidement découvert que Cynthia portait en elle une grande innocence, ce qui suscita en moi une question : « Pourquoi elle ? »

Notre nature humaine nous pousse parfois à nous dire : « Il ou elle n'a pas volé ce qui lui arrive. » Mais dans ce cas, c'était exactement l'inverse. J'estimais qu'il y avait là une terrible injustice. J'étais donc moi-même dans le déni, même si l'affaire datait de 10 ans et que la plus grande partie du chemin vers la réconciliation avait été parcourue par Cynthia. Je n'ai pas été confronté aux lendemains difficiles quand le silence est préférable aux mots. J'avais devant moi une étoile tombée du ciel, mais dont le cœur palpitait encore.

J'étais subjugué et émerveillé par la force de la vie et j'avais devant les yeux la preuve imparable que l'innocence était indestructible. Une vieille chanson de Jacques Higelin me revint à l'esprit et je me suis empressé de lui envoyer les paroles tant elles semblaient avoir été écrites pour elle.

Tu es la beauté qui s'ignore
Oubliée dans la nuit des temps
Au fond de son île au trésor

Une vie à reconstruire

> Et qui attend le conquérant
> Qui te délivrera du sort
> Où t'ont jetée les impuissants.
>
> Tu es la beauté qu'on agresse
> Quand elle se montre au grand jour
> En abandonnant ses richesses
> Aux déshérités de l'amour
> Sans jamais attendre en retour
> le semblant d'une caresse.
>
> Tu es la beauté insoumise
> Rebelle comme un cri d'enfant
> Qui brandit sa rage de vivre
> Face à la masse des morts-vivants
> Sous la violence de leur bêtise.
>
> Tu es la beauté flamboyante
> Qui rougit le ciel au matin
> Comme le sang sur la chemise
> du bourreau ou de l'assassin.
>
> Tu es la beauté que j'adore
> Car elle m'a appris à aimer
> Et à comprendre la laideur
> Qui est le miroir où je peux contempler ma vérité.
>
> Jacques Higelin (*L. comme beauté*)

S'adapter à l'inacceptable

Si j'ai été épargné par l'ambiance du drame, puisqu'il s'était déroulé plus de 10 ans plus tôt, j'ai tout de même dû effectuer un travail d'adaptation pour me faire à l'idée de partager mes jours avec une femme victime d'une agression.

S'il est beaucoup moins difficile d'accepter le coup du sort quand il s'est produit depuis de nombreuses années, il n'empêche que ceux qui vivent cette expérience doivent se préparer, car ils n'auront pas le choix de s'adapter.

Ils passeront également par le déni, la colère, le sentiment d'injustice et une multitude d'émotions avec lesquelles ils devront composer. Ils devront également se préparer à soutenir la victime lorsqu'elle rechutera ou traversera une période de turbulences.

Il me serait très difficile de dire quelle eût été ma réaction si j'avais été le conjoint de Cynthia au moment des faits. Qui peut le savoir ? Qui est prêt à vivre ce genre de chose ? Je m'abstiens de tout jugement concernant la démission du petit ami de Cynthia à cette époque et plus généralement de son entourage. Il m'est souvent arrivé d'essayer d'endosser le rôle d'un père ou d'un conjoint de victime sans jamais y parvenir. Chacun réagit différemment.

Je ne pense pas que j'aurais abandonné Cynthia, mais une chose m'apparaît évidente : j'aurais vécu moi aussi un immense traumatisme.

J'aurais pu facilement éluder la question en me disant que je n'étais pas dans ce cas, mais j'estimais que, pour qu'une réconciliation soit consommée, il était nécessaire de se pencher sur le problème et ainsi mieux comprendre, être en paix.

Cynthia n'était pas encore tout à fait réconciliée avec la vie. Il arrivait parfois que certains fantômes se manifestent sans crier gare et que, d'un instant à un autre, elle sombre dans une sorte de trou noir. Son regard se voilait ou ses mots devenaient durs. D'autres fois, le silence l'entourait sans que je puisse savoir ce qui l'habitait.

Dans ces moments, je ne savais trop comment me comporter. Devais-je essayer de détendre l'atmosphère en jouant la carte de l'humour ? Devais-je la questionner pour savoir ce qui la tracassait ? Devais-je la serrer dans mes bras ? Heureusement, cela n'arriva que rarement. Mais que serait-il advenu si 10 ans ne s'étaient pas écoulés ?

Plutôt que de chercher à amener Cynthia sur mon terrain, j'ai entrepris le challenge dans le sens opposé en allant sur le sien. Je ne disais donc pas : « Ne t'inquiète pas, tout va bien, ce n'est qu'un moment difficile… », je lui demandais plutôt de m'expliquer ce qui n'allait pas, je cherchais à identifier et à comprendre le malaise qui l'habitait. J'avais conscience qu'il restait un peu de travail à effectuer et j'étais prêt à déployer toute l'énergie nécessaire et à prendre le temps qu'il faudrait. Le seul but que je poursuivais était l'épanouissement total de Cynthia et la suppression de toute zone d'ombre.

Cynthia m'avait beaucoup parlé de sa rechute et de la crise de décompensation qu'elle avait subie. N'étant pas un expert en la matière, je devais d'abord m'informer sur le sujet afin de parer à toute éventualité, car ce que je redoutais le plus était une seconde rechute. J'y suis allé de mon instinct et il m'a fallu plusieurs mois pour comprendre exactement ce qui n'était pas encore réglé.

Pour ce qui était de l'événement, Cynthia en parlait librement et montrait un détachement complet, ce qui me rassura. Toutefois, je remarquai qu'elle s'élevait contre la justice et surtout l'application des peines lorsque nous regardions l'actualité. Il résidait donc une forme de colère et un sentiment d'injustice tout au fond de son esprit. Il fallait par conséquent régler ce détail et c'est ainsi que j'en vins à lui parler pour la première fois du pardon.

Sa première réaction a été l'étonnement et une sorte de rébellion. Visiblement, ce n'était pas gagné. Parallèlement, cette sensibilité particulière m'indiquait que je venais de mettre le doigt sur une cicatrice encore bien fraîche. Plutôt que de me faire reculer, cette réaction épidermique m'encouragea.

Retrouver l'équilibre

Je n'ai pas asséné Cynthia de jolies phrases. Je n'ai pas essayé de la contredire lorsqu'elle trouvait des arguments contraires à ceux que je lui présentais pour la faire avancer. Je ne cherchais pas à insister lorsque je constatais que son attention diminuait ou qu'elle était fatiguée.

En fait, je testais sa disponibilité en lançant des petites phrases innocentes. Si je voyais qu'elle accrochait, j'ouvrais la discussion sous forme de suggestions. Je commençais toujours par lui parler de notre situation présente avec des interrogations positives. Par exemple, je lançais : « Ne trouves-tu pas que nous avons de la chance ? » ou bien « As-tu remarqué comme l'avenir semble nous sourire ? »

Si elle souriait ou qu'elle répondait par une confirmation, je continuais sur ma lancée et je pouvais espérer avoir toute son attention.

Cela prit quelques jours avant que je puisse parler de pardon sans qu'elle lève aussitôt un bouclier. Elle finit par comprendre que le pardon n'avait rien à voir avec une rédemption de ses agresseurs, mais qu'il consistait avant tout à retrouver la liberté de reprendre son destin en main. Je lui expliquai le concept du détachement de l'acte subi. Pardonner, ce n'est pas valider ni excuser. Ce n'est pas prétendre que tout va bien et serrer les dents. Ce n'est pas une faveur que nous accordons ou une autorisation à recommencer.

L'important n'est pas de savoir si ce qu'on nous a fait est bien ou mal, si les coupables méritent d'être punis ou pas. Ce qui compte, c'est de pardonner pour soi afin de se libérer de ses chaînes.

Lors des recherches de Cynthia dans le cadre de l'écriture de ce livre, un psychothérapeute nous rendit visite à la maison. Comme d'habitude, je laissai Cynthia avec son invité et je m'éloignai dans la pièce voisine pour ne pas interférer dans sa conversation.

Je ne suis pas du genre à écouter aux portes, mais j'entendais distinctement ce qui se disait dans mon dos et je fus satisfait de constater que Cynthia abordait avec notre visiteur le sujet du pardon.

Quelle ne fut pas ma surprise d'entendre que son interlocuteur considérait que le pardon n'était pas nécessaire pour avancer ! Je n'intervins pas.

Son discours dura une bonne heure et, lorsqu'il fit mine de partir, je me levai et allai le saluer par politesse sans faire mention de quoi que ce fût.

Lorsque nous nous retrouvâmes en tête-à-tête, Cynthia et moi, elle n'attendit pas mon verdict pour me faire part de son opinion.

— Tu te rends compte que, pour lui, le pardon n'existe pas ! Cela veut dire que chaque victime doit courber le dos et vivre avec ce poids pour l'éternité !

Cette réaction m'emplit de joie. Selon toute évidence, Cynthia avait adhéré au concept. Un grand pas avait encore été fait. D'ailleurs, depuis cet épisode, je ne l'ai plus entendue parler d'injustice, je ne l'ai plus vue réagir avec colère face à l'actualité.

Ce lâcher-prise face aux mécanismes de notre société, qui ne sont certes pas parfaits, a signé un énorme progrès. Il n'est pas apparu en quelques semaines. Il aura fallu plusieurs mois, mais le résultat n'est-il pas le plus important ?

J'ai toujours pensé qu'une telle agression ne pouvait que déboucher sur des séquelles indélébiles et j'étais prêt à vivre avec ces sensibilités au quotidien, considérant qu'il serait toujours possible de gérer les petites douleurs à mesure.

Une fois le pardon assimilé, il ne restait en Cynthia qu'un dernier signe de cette terrible nuit : un grand manque de confiance en elle.

Le manque de confiance peut avoir plusieurs origines : une enfance brimée, une reconnaissance trop rare tout au long de la vie, y compris dans le milieu professionnel et dans bien d'autres conditions encore.

Le parcours de Cynthia démontrait que son manque de confiance n'avait rien à voir avec son enfance. Elle avait en effet surmonté les brimades de son beau-père en réussissant à mener une vie parfaitement équilibrée avant l'agression. Il me semblait donc évident que ce manque de confiance en elle était, comme une séquelle, directement lié à son drame.

Le manque de confiance peut se traduire de différentes manières : le retrait, la colère, l'impatience et la frustration. Heureusement, les symptômes de Cynthia étaient légers, mais j'estimais qu'un travail devait être entrepris pour régler définitivement ce problème.

Étant moi-même un homme de caractère, fonceur et épanoui, je ne pouvais me résigner à voir mon épouse dans mon sillage. Grâce à une amie coach de réussite, Cynthia a beaucoup avancé dans ce domaine.

Cette confiance se retrouvera avec le temps. Il n'y a pas de miracle. La guérison (car dans ce cas, on peut effectivement parler de guérison) ne sera pas instantanée, mais, à l'heure où j'écris ces lignes, elle est déjà en bonne voie.

J'ai beaucoup d'admiration pour Cynthia et je dois dire qu'elle représente à mes yeux le paradoxe parfait opposant une force intérieure très puissante et une fragilité doublée d'une sensibilité remarquable.

J'ai constaté une grande évolution depuis que je l'ai rencontrée il y aura bientôt quatre ans. Non seulement elle s'est réconciliée avec la vie, mais elle m'a aussi réconcilié d'une certaine manière. Aujourd'hui, mes craintes se sont envolées, et l'objectif de ce livre est tout à fait approprié. Je ne cache pas que j'avais quelques doutes lorsqu'elle s'est lancée dans l'aventure et, pour l'avoir observée, je peux dire que cela n'a pas été aisé.

Je l'ai vue peiner en replongeant dans sa vie. C'est tout à fait humain, même si elle est réconciliée. Je l'ai vue douter. La question « Suis-je habilitée à parler de réconciliation ? » est revenue souvent, et l'écriture de ce livre répond parfaitement à cette question.

La réconciliation, ce n'est pas effacer le passé. Il sera toujours là, mais c'est le neutraliser pour ne plus l'autoriser à gérer le quotidien. C'est faire la paix avec lui (le pardon), vivre pleinement la sérénité du présent et construire des projets.

Finalement, Cynthia a relevé ce défi avec succès. Elle peut être fière de cette réalisation, qui scelle définitivement son destin en attendant de faire progresser celui d'autres victimes. Elle avait, par le passé, tenté de mener une lutte perdue d'avance pour faire avancer la machine judiciaire, mais, animée par la colère, elle n'était pas encore prête.

Cette fois, son discours est tourné vers la lumière. Débarrassée de toute vindicte, elle peut maintenant passer à l'étape suivante : aider les autres.

Remerciements

Je remercie mes parents à qui je dédie ce témoignage. Qu'ils sachent que j'ai de l'admiration pour eux.
Mes remerciements vont aussi à ma sœur, qui m'a soutenue dans mes périodes entre ombre et lumière.
Plus largement, j'adresse aussi ce message aux membres de ma famille qui ont été présents à un moment ou un autre : mes oncles, tantes, cousins, cousines, qui ont fait bloc autour de la femme apeurée et craintive que j'étais devenue.
Je n'oublie pas non plus mon frère Romain et son épouse Francesca, mon autre frère Davy, auteur d'une chanson, *Espérer*, interprétée par mon père et qui ressemble étrangement à mon histoire.
Enfin, je remercie mon mari Jean-Claude, qui m'a offert le plus cadeau de la vie : un amour inconditionnel.

Je remercie aussi mes amis et je ne peux pas tous les citer, mais ils se reconnaîtront ; entre autres, Dominique Bastidon, Grâce de Capitani, David Menin, Philippe Carballo, Vie Roth et à mes amis franco-québécois.

Je remercie également les personnes qui ont contribué à ce livre. Je veux parler de Pascale Piquet, de Paule Mongeau, de Blandine Soulmana (qui a éclairé ma route en apportant à ce livre le fruit de ses expériences dramatiques) et, bien sûr, de Jean-Claude Bataille, mon mari, qui m'a soutenue dans ce travail.

Conseils de lecture

BORIS CYRULNIK
Résilience (collectif – Éditions Odile Jacob)
Le Murmure des fantômes (Éditions Odile Jacob)

BLANDINE SOULMANA
Ces différences et coutumes qui dérangent
(Béliveau Éditeur)
Ce que la vie m'a appris (Béliveau Éditeur)
Survivre à la violence pour enfin vivre
(Béliveau Éditeur)
L'Incroyable Histoire de Blandine Soulmana
(Béliveau Éditeur)

PAULE MONGEAU
Renaître par l'imaginaire
(Éditions Le Dauphin Blanc)

JOËL MONZÉE
Dire oui à la vie (Éditions Le Dauphin Blanc)

PASCALE PIQUET
Comprendre la vie (CD audio Communication Décary)
Gagnez aux jeux des échecs amoureux
(Éditions Michel Lafon)